Abenteuer & Wissen

Maja Nielsen
Indianer

>>> **Sitting Bull und seine Erben**

Fachliche Beratung: Claus Biegert und Cornelia Bauer

Gerstenberg visuell

Die Autorin Maja Nielsen ist gelernte Schauspielerin. Durch ihre beiden Söhne kam sie zum Schreiben spannender Abenteuergeschichten. Viele davon sind als Bücher und Hörbücher erschienen oder wurden als Hörspiele und Reportagen im Rundfunk gesendet. Für die Bücher der Reihe *Abenteuer & Wissen* stehen ihr Experten der jeweiligen Sachgebiete zur Seite.

Fachliche Beratung dieses Bandes: Claus Biegert und Cornelia Bauer

Cornelia Bauer besucht seit Jahren regelmäßig das Pine-Ridge-Reservat und hat dort viele Freunde unter den Lakota gefunden. Sie hat daran mitgewirkt, dass das Bisonprojekt der Familie Red Cloud realisiert werden konnte, und engagiert sich gemeinsam mit der amerikanischen Organisation Trees, Water & People dafür, den notleidenden Menschen des Reservats die Installation von Solaranlagen zu ermöglichen. Der Journalist, Autor und Filmemacher **Claus Biegert** reist seit 1973 regelmäßig zu den Indianern Nordamerikas und Kanadas und zählt zu den ausgewiesenen Kennern indianischer Geschichte und indianischen Lebens. Der Verlag dankt Cornelia Bauer und Henry Red Cloud für ihre großartige Unterstützung dieses Buches und für das Bildmaterial, das sie zur Verfügung gestellt haben, und Claus Biegert für seinen wertvollen fachlichen Rat.

Bibliografische Information der Deutschen Nationalbibliothek
Die Deutsche Nationalbibliothek verzeichnet diese Publikation in der Deutschen Nationalbibliografie; detaillierte bibliografische Daten sind im Internet über http://dnb.d-nb.de abrufbar.

Copyright © 2007 Gerstenberg Verlag, Hildesheim
Alle Rechte vorbehalten.
Reihenkonzeption: Magdalene Krumbeck, Wuppertal
Gestaltung, Satz und Litho: typocepta, Köln
Illustrationen: Magdalene Krumbeck, Wuppertal
Karten: Peter Palm, Berlin
Druck: Offizin Andersen Nexö, Zwenkau
Printed in Germany

www.gerstenberg-verlag.de

ISBN 978-3-8369-4840-1

Inhalt

Der große Kampf

>>> **Im Herzen Nordamerikas**, zwischen den Rocky Mountains im Westen und dem Mississippi im Osten, von Kanada im Norden bis fast hinunter zum Golf von Mexiko, liegen die Prärien, das weite, fruchtbare Grasland, und die trockenen, kargen Plains. Hier war einst das Land der Lakota. Ihre Feinde, die Ojibwa, nannten die Lakota Sioux, Schlangen, denn sie konnten sich lautlos wie Schlangen anschleichen. Scheinbar aus dem Nichts überfielen sie ihre überraschten Gegner. In zahllosen Kriegszügen bekämpften die stolzen Lakota die Crow und die Pawnee und wurden so zum mächtigsten Volk der Prärie. Sie liebten das weite Land, das ihnen vom Großen Geist Wakan Tanka anvertraut worden war. Sie liebten das Leben als freie Jäger, immer auf der Fährte der riesigen Bisonherden. Von den mächtigen Tieren bekamen sie alles, was sie zum Leben brauchten. Den Mittelpunkt ihrer Welt bildeten die heiligen Berge, die Paha Sapa, die Black Hills.

In diese Welt brachen vor mehr als 150 Jahren die Weißen ein. Sie nahmen den Indianern das Land und töteten die Bisons. Es kam die lange, harte Zeit der Indianerkriege, in der sich berühmte Häuptlinge wie Sitting Bull, Crazy Horse und Red Cloud als große Führer ihres Volkes erwiesen und erbitterten Widerstand leisteten. Mit dem Mut der Verzweiflung kämpften sie für das Überleben ihrer Stämme. Dieser Kampf dauert in veränderter Form bis heute an.

Henry Red Cloud, ein Nachfahre des legendären Häuptlings Red Cloud, wuchs bei seinen Großeltern auf. Von seinem Großvater lernte er die Sprache und die Traditionen seines Volkes. Heute setzt sich Henry Red Cloud mit seiner ganzen Kraft dafür ein, dass der große Traum seines Großvaters Wirklichkeit werden kann – die Bisons in das Land der Lakota zurückzuholen. Vom Kampf der großen Häuptlinge und vom großen Traum Henry Red Clouds berichtet dieses Buch.

Wenn die Bisons auf unser Land zurückkehren, dann werden die Lakota wieder ein stolzes Volk sein. Alle Wunden werden geheilt.

Henry Red Cloud

Ein junger Krieger

>>> **An einem kalten Wintertag** im Jahr 1822 wird im Tipi des Oglala-Lakota-Häuptlings Lone Man am Ufer des Blue Water Creek, eines Nebenflusses des Platte River, ein Kind geboren. Wie es die Tradition verlangt, bemühen sich seine Eltern nach Kräften, Schaden von dem neugeborenen Jungen fernzuhalten. Seine Mutter Walks as She Thinks näht die Nabelschnur in ein Amulett in Form einer Eidechse ein, das ihn beschützen und ihm ein langes Leben bescheren soll.

Ein Kind der Lakota erhält seinen Namen häufig nach einem auffälligen Naturereignis oder nach einem verstorbenen Verwandten. Kurze Zeit nach der Geburt des Jungen wird ein Meteor über dem Land der Lakota beobachtet. In rasender Geschwindigkeit geht der Feuerball, einen langen Schweif hinter sich herziehend, von West nach Ost über den Nachthimmel. Wie eine rote Wolke. Diese eindrucksvolle Himmelserscheinung gibt dem Kind seinen Namen: Es wird Makhpiya luta genannt. Rote Wolke. Red Cloud.

Indianer

Als Christoph Kolumbus in Amerika anlegte, glaubte er sich in Indien. Auf Grund dieser Fehleinschätzung nannte er die Menschen, denen er auf dem fremden Kontinent begegnete, „Indianer". Manche der heute bekannten Namen erhielten die Indianerstämme von Weißen. Der Name Nez Percé stammt beispielsweise aus dem Französischen und bedeutet „gepiercte Nasen" – ein ins Auge fallendes Merkmal dieses Stammes, der sich selbst Nimipu nennt, was einfach „Volk" heißt. In Amerika spricht man heute von „Native Americans" oder „American Indians". Der Begriff „First Nations" wird gerne in Kanada verwendet. Die amerikanischen Ureinwohner selbst bevorzugen als Bezeichnung für ihr Volk ihren Stammesnamen, wie zum Beispiel Lakota (Sioux), Diné (Navajo), Tsitsista (Cheyenne).

Unten: Während der Schwangerschaft fertigt die Großmutter ein Nabelschnuramulett an, das Glück und ein langes Leben gewähren soll. Für Jungen hat es die Form einer Eidechse, für Mädchen die einer Schildkröte. Es wird erst an die Wiege geknotet, später entweder an der Kleidung getragen oder von der Mutter aufbewahrt.

Links: Der Auf- und Abbau der Tipis und die meiste Alltagsarbeit wird von den Frauen geleistet. Sie tragen ihre Kinder auf dem Rücken, um die Hände frei zu haben.

Schon mit drei Jahren verliert Red Cloud seinen Vater Lone Man. Er hat bei weißen Händlern Felle gegen Schnaps eingetauscht und stirbt an einer Alkoholvergiftung. Red Cloud wird in seinem Leben keinen Tropfen Alkohol anrühren. Der vaterlose Junge und seine Geschwister werden von Häuptling Old Smoke großgezogen, einem Verwandten seiner Mutter.

Noch bevor Red Cloud richtig laufen kann, lernt er wie alle anderen Kinder des Stammes reiten. Wettreiten wird eines seiner Lieblingsspiele. Die Kinder üben, in vollem Galopp Gegenstände vom Boden aufzuheben, Pfeile in ein weit entferntes Ziel zu schießen oder den Gegner vom Pferd aus zu berühren. Während seine Schwestern Miniaturtipis basteln, „Umziehen mit dem Lager" spielen oder anderen Aufgaben ihrer Mutter nacheifern, spielt Red Cloud mit seinen Freunden am liebsten Pferde stehlen und Feind aufspüren. Manche Spiele sind so rau, dass sich die Jungen ernsthaft verletzen. Die Männer des Stammes bilden die Jungen im Gebrauch von Schild, Speer, Pfeil und Bogen aus. Auch Laufen und Schwimmen wird trainiert. Wenn sie älter sind, üben sich die Jungen darin, Schmerzen auszuhalten. Durch Abhärtung werden sie auf ihr Leben als Krieger vorbereitet. Aber auch durch Lieder und Gebete.

Schon früh zeigt sich, dass Red Cloud ehrgeizig ist. Er kann es gar nicht erwarten, an seinem ersten Kriegszug teilzunehmen.

Abends am Lagerfeuer erzählen die Alten Red Cloud und den anderen Kindern die überlieferten Geschichten und Legenden. So hören sie, dass es die Bisons waren, die die Lakota aus einer Welt unter der Erde durch einen langen, dunklen Weg hoch in diese Welt

geleitet haben. Der Weg führte durch eine tiefe Höhle in den Paha Sapa, den heiligen Bergen, hinaus ans Licht. Von dort aus besiedelten die Lakota das Grasland, das nun ihre Heimat ist. Die Erde ist die Mutter, der Himmel der Vater, und alles zwischen Himmel und Erde ist heilig, lehren die Alten. Das heiligste Tier von allen ist der Bison. Die Kinder lernen, dass die Bisons verehrt werden müssen, da sie den Lakota alles schenken, was sie zum Leben benötigen.

Das ganze Leben der Lakota kreist um die mächtigen Tiere. Wenn die Bisons weiterwandern, ziehen die Lakota mit. Sie ernähren sich fast ausschließlich von Bisonfleisch. Das Fell der Tiere wird zu Zeltplanen, Kleidung und Decken verarbeitet. Die Sehnen werden als Schnüre benutzt, der Magen als Wasserbehälter. Aus Horn und Knochen schnitzt man Werkzeuge und Spielzeug.

Immer wieder wollen Red Cloud und die anderen Kinder von den Alten die Geschichte von der heiligen Büffelkalbfrau Ptesanwin, die den Lakota die heilige Pfeife, den Tabak und die sieben heiligen Riten brachte, hören. Die Worte der Geschichtenerzähler prägen sich den Kindern tief ein.

Als er 14 Jahre alt wird, muss Red Cloud wie alle Indianerjungen dieses Alters die wichtigste Prüfung seines Lebens bestehen: das Ritual der Visionssuche. In einer Vision soll ihm der Große Geist enthüllen, was seine Aufgabe in dieser Welt sein wird. Der Junge trennt sich von seinem Stamm und begibt sich für vier Tage in die Einsamkeit der Paha Sapa, in die heiligen Berge. Er fastet und betet. Allein

Die heilige Büffelkalbfrau

Die Legende erzählt, wie einst eine wunderschöne Frau das Sommerlager der Lakota besuchte. Es war Ptesanwin, die heilige weiße Büffelkalbfrau. Sie brachte den Indianern die heilige Pfeife, die Chanupa Wakan. Durch das feierliche Rauchen dieser Pfeife sind die Indianer fortan mit dem Willen des Großen Geistes Wakan Tanka verbunden. Der Rauch, der zum Himmel steigt, symbolisiert seinen Atem. Das Rauchen der heiligen Pfeife ist wichtiger Bestandteil der sieben heiligen Riten, durch die fortan das religiöse Leben bestimmt wurde. Ptesanwin verweilte vier Tage bei den Indianern. Die schöne Frau verwandelte sich beim Abschied in ein weißes Büffelkalb – für die Lakota das heiligste Tier überhaupt.

in der Wildnis, bittet er aus der Tiefe seines Herzens, dass Wakan Tanka ihm eine Vision schicken möge. Am dritten Tag kommt die Vision, auf die er gewartet hat: Er sieht Krieger, viele Krieger, die einen Abhang herunterreiten. Er reitet an ihrer Spitze. Durch seine Vision erfährt er, dass schwere Zeiten auf sein Volk zukommen und dass er wie sein Vater ein Anführer sein wird. Er hat die Prüfung der Visionssuche bestanden, eines der heiligen Rituale, die die Büffelkalbfrau den Lakota gebracht hat. Er ist jetzt ein Mann geworden, ein vollwertiger Krieger.

Im Land am Powder River kommt es immer wieder zu Reibereien mit den Stämmen, deren Jagdgründe hier waren, lange bevor die Lakota aus dem Waldland Minnesotas eingewandert sind. Mit den Cheyenne schließen die Lakota ein festes Bündnis. Die Crow und die Pawnee werden dagegen zu ihren Feinden. Vor ihnen muss man beständig auf der Hut sein. Die Kriegszüge gegen diese Stämme bieten eine hervorragende Gelegenheit, sich hervorzutun. Je mehr Skalps ein Krieger vorweisen kann, desto größer sein Ruhm. Mit 14 Jahren, nach seiner Visionssuche, kann niemand Red Cloud mehr die Teilnahme an den Kriegszügen verwehren.

Noch ahnt der junge Krieger nicht, welch schwere Zeiten auf ihn und sein Volk zukommen werden. Noch weiß er nicht, auf welche Weise sich seine Vision eines Tages erfüllen wird.

Der Bison ist unser Bruder. Er gibt uns sein Fleisch, damit wir leben können. Der Bison ist heilig.
Weisheit der Lakota

Das Pulverfass

>>> **Amerika gehörte** viele tausend Jahre lang den Indianern. Bis zur Entdeckung durch Kolumbus im Jahr 1492 wusste man in Europa nicht, dass es diesen Kontinent überhaupt gibt.

Kolumbus war in Mittelamerika an Land gegangen. Es vergingen wiederum über 100 Jahre, bis im Jahr 1607 die ersten Pilger aus Europa auch in Nordamerika, an der Ostküste, an Land gingen. Sie kamen den Indianern, die dort lebten, so hilflos vor wie Kinder. Mitleidige Powhatan zeigten ihnen, wie sie in ihrer neuen Heimat überleben konnten, und halfen ihnen mit ihren eigenen Lebensmittelvorräten über den Winter. Der ersten kleinen Pilgergruppe folgten immer mehr Weiße nach, die schließlich von der Ostküste weiter nach Westen zogen. Manche von ihnen beanspruchten das Land der „Neuen Welt" als Weide- und Ackerland für sich, andere waren vor allem am Pelzhandel interessiert.

1834 wird mit Fort Laramie im Gebiet der Lakota ein kleiner Handelsposten im endlos weiten Grasland errichtet. Das Fort ge-

500 Nationen

Als Kolumbus 1492 amerikanischen Boden betritt, leben dort 500 unabhängige Völker, die etwa ebenso viele unterschiedliche Sprachen sprechen. Ab 1607 kommen die ersten Siedler aus Europa in Nordamerika an. In den kommenden vier Jahrhunderten beanspruchen die Einwanderer immer mehr von dem Land der Indianer, bis für die Ureinwohner schließlich nur noch kleine Inseln übrig bleiben. Nicht nur Kriege mit den Weißen, vor allem die Seuchen und Krankheiten, die die Siedler einschleppen, bringen den Indianern den Tod. Innerhalb von 400 Jahren verringert sich die Zahl der Indianer auf dem gesamten Kontinent von 10 Millionen auf 250000.

Wenn Menschen in Streit geraten, ist es für beide Parteien besser, ohne Waffen zusammenzukommen und zu verhandeln und eine friedliche Lösung zu finden.

Spotted Tail, Brulé-Lakota

Der Kartenausschnitt stellt die Siedlungsgebiete der Lakota und anderer Prärie-indianer um 1850 dar. Die Karte rechts oben zeigt, in welcher Region der USA sich dieses Gebiet befindet.

Links: Auf dem Weg nach Westen schließen sich die Siedler zu großen Gruppen zusammen. Meist bilden etwa 50 Wagen einen Zug von über einem Kilometer Länge. Am Rastplatz stellt man eine kreisrunde Wagen-burg auf, in deren Mitte die Tiere grasen können.

hört einer Pelzkompanie. Pelze sind in der europäischen Ober-schicht groß in Mode. Der Handel mit den Indianern bringt gute Gewinne. Die Oglala tauschen in Fort Laramie Felle gegen nütz-liche Dinge – Lebensmittel, Werkzeuge und Waffen. Die Tausch-waren der Weißen machen das Leben der Indianer leichter, verän-dern es aber unwiederbringlich. Was sich bald als Problem heraus-stellt: Die Indianer gewöhnen sich an die Handelsartikel und gera-ten in Abhängigkeit von den Weißen. Sie benötigen dringend Mu-nition und Gewehre, auf die sie nicht mehr verzichten wollen. Die können sie selbst nicht herstellen. Sie bekommen sie ausschließlich von den Weißen. Manche Oglala halten sich nur noch in der Nähe des Handelspostens auf. Und viele trinken weit mehr von dem Al-kohol der Weißen, als ihnen gut tut.

In Red Clouds Jugend kommen nur gelegentlich Siedler durch das Land der Lakota. Nach Kalifornien oder nach Oregon ziehen die Trecks. Im Land der Lakota zu siedeln reizt sie nicht. Für den Bau ihrer Blockhütten brauchen die Siedler Holz. Das baumlose, grenzenlose Grasland der Prärieindianer kommt ihnen vor wie eine Wüste. Nur durchziehen wollen sie, so schnell wie möglich, auf ih-

13

Links: Pelzhändler haben Bison-felle in der Sonne zum Trocknen aufgespannt. Allein im Jahre 1848 erhalten die Händler 110 000 Häute von den Indianern.

rem Weg nach Westen, wo es rie-sige Wälder gibt. 1834, als Red Cloud zwölf Jahre alt ist, zählt man übers Jahr weniger als hundert durchziehende Siedler. Die Beziehungen zwischen den Lakota und den Weißen sind überwiegend freundschaftlich.

Das ändert sich im Jahr 1848 schlagartig, als in Kalifornien Gold gefunden wird. Jetzt wälzt sich jährlich ein Strom von 50 000 Sied-lern mit Vieh, Pferden und Wagen durch das Tal des Platte River auf dem Weg zur Westküste. Die weißen Siedler schleppen Krank-heiten ein, gegen die die Indianer keine Abwehrkräfte haben. In kurzer Zeit werden ganze Stämme nahezu ausgerottet. Die Mandan werden von den Pocken hinweggerafft, zweitausend Pawnee ster-ben. Die Lakota werden 1849 von der Cholera heimgesucht, aber sie kommen glimpflicher davon. Nur wenige Menschen sterben.

Noch schlimmer als die Cholera ist für die Lakota das rücksichts-lose Verhalten der weißen Siedler. Rechts und links ihres Weges schießen sie das Wild. Die Bisons wandern ab und kommen nicht zurück. Sie meiden die Durchzugsroute der Siedler.

Katastrophal wirkt sich auch der Bau der Eisenbahn auf die Bisonherden aus. Bisonschießen wird zu einem Freizeitvergnügen für die Weißen. Sonderzüge bringen schießwütige Touristen aus den großen Städten in die Prärie. Manchmal liegen 100 tote Bisons auf dem Grasland.

Die Langmut der Lakota hat ein Ende: Sie wollen, dass die Wei-ßen ihr Land verlassen. Es kommt zu Überfällen auf die Siedler.

Die Wagentrecks machen den Indianern Angst. Als sie anfan-gen, sich gegen die Weißen zu wehren, wandelt die Regierung in Washington die größten Han-delsposten in Forts um und ent-sendet Soldaten, um die Siedler zu schützen.

? Tausch-
geschäfte

Im Tausch gegen ein Biberfell bekommen die Lakota von der Pelzkompanie ein halbes Pfund Perlen, einen Kessel, ein Pfund Munition, fünf Pfund Zucker, ein Pfund Tabak, zwölf Knöpfe und zwölf Angelhaken. Für vier Felle gibt es eine Pistole, für zwölf Felle ein Gewehr.

Der Weg nach Westen gilt bald als brandgefährlich, die amerikanische Regierung beschließt, ihn zu sichern. 1849 kauft sie der Pelzkompanie den Handelsposten Fort Laramie ab, baut ihn zu einer militärischen Festung aus und stationiert hier drei Regimenter. Die Stimmung ist gereizt, aber eigentlich wollen beide Seiten nur eines: Frieden. Die Lakota-Krieger wissen, dass die Weißen die besseren Waffen haben, dass sie das Leben ihrer Frauen und Kinder aufs Spiel setzen, wenn sie die Soldaten zu sehr reizen. Die Soldaten wissen, dass sie die Siedler nicht rund um die Uhr schützen können, schon gar nicht vor nächtlichen Überfällen oder vor Angriffen aus dem Hinterhalt. Keiner ist an einem Kräftemessen interessiert.

Aber dann entzündet eine fußlahme, magere Kuh einen Streit, der sich zu einem blutigen Krieg ausweitet.

Die Kuh ist einem Siedler weggelaufen, der auf dem Weg nach Utah durch das Land der Lakota zieht. Ein junger Lakota aus dem Lager von Häuptling Conquering Bear von den Brulé sieht die Kuh, schlachtet sie und kocht – dabei ist er sich keiner Schuld bewusst – eine Suppe daraus. Viel war an dem Vieh nicht dran, aber der Siedler ist trotzdem empört. Er verlangt eine Entschädigung. Stolze

Die Weißen sehen Bisonschießen als Freizeitvergnügen an und unternehmen mit der Eisenbahn Jagdausflüge in die Prärien.

Tötet so viele Bisons wie möglich. Jeder tote Bison bedeutet einen Indianer weniger.
Colonel P.I. Dodge

Das stählerne Ross

Die Union Pacific Railroad wird im Juli 1862 gegründet, um den Westen Nordamerikas zu erschließen. 1863 beginnen die Arbeiten an dem 3000 Kilometer langen Schienenstrang zwischen Sacramento ganz im Westen und Omaha in Nebraska am Missouri, ziemlich genau in der Mitte der USA. Das „stählerne Ross" vertreibt mit seinem Rauch und mit seinem Pfeifen das Wild und wird deswegen von den Indianern gehasst und bekämpft. Erst als Red Cloud mit den Weißen Frieden schließt, können die Arbeiten weitergehen. Am 10. Mai 1869 wird in Utah der goldene Nagel als Zeichen der Fertigstellung in die letzte Schwelle eingeschlagen. Osten und Westen sind nun durch die Eisenbahn verbunden. Der Besiedelung des Westens steht nichts mehr im Weg.

25 Dollar will er haben. Ein Wucherpreis für die armselige Kuh. Als die Indianer nicht bezahlen, beklagt sich der Siedler im Fort. Der Kommandant schickt Soldaten los. Unter der Leitung des 21-jährigen Leutnant Grattan machen sich dreißig Mann mit zwei Kanonen auf den Weg zum Lager von Häuptling Conquering Bear. Grattan machte kein Geheimnis daraus, dass er die Indianer verabscheut. Jetzt will er ihnen eine gründliche Lektion erteilen.

Die schwer bewaffneten Weißen werden bald entdeckt. Im Indianerlager bricht Unruhe aus. Die jungen Krieger sammeln sich am Flussufer. Conquering Bear stemmt sich mit aller Macht dagegen, dass es zu einem Kampf kommt. Er redet mit Engelszungen auf die Krieger seines Stammes ein. Sie sollen Ruhe bewahren. Dann reitet er mit zwei Gefolgsleuten Grattan entgegen und bietet ihm an, die heilige Pfeife mit ihm zu rauchen.

Grattan lehnt verächtlich ab. Er herrscht den Häuptling an, dass er den Mann aushändigen soll, der das Rind getötet hat. Nur das. Sonst nichts. Die Indianer wissen: Die Weißen werden den Krieger schrecklich misshandeln. Das tun sie immer, wenn sie Rache üben. Danach werden sie ihn aufhängen – in den Augen der Lakota die schändlichste aller Todesarten. In seiner Not bietet Conquering Bear Grattan fünf gute Pferde und ein Maultier als Entschädigung für die Kuh an. Der Hitzkopf Grattan schüttelt mit einem arroganten Lächeln den Kopf und lässt seine Kano-

Häuptling Conquering Bear, Führer der Brulé-Lakota. Er gilt als sehr umgänglich und wird daher von den Weißen zum „Häuptling aller Sioux" ernannt, was aber nicht seiner tatsächlichen Stellung unter den Lakota entspricht.

Ein Pfeifentomahawk ist eine Mischung aus Streitaxt und Tabakspfeife. Gegenüber der Schneide befindet sich der Pfeifenkopf. Der Griff ist durchbohrt und hat am anderen Ende ein Mundstück. Früher waren die Schneiden aus Stein. Erst durch die Weißen und ihre Schmiedekunst erhalten die Tomahawks eiserne Schneiden.

❓ Der Häuptling

In Friedenszeiten prägen große Freizügigkeit und Individualismus das Zusammenleben der Indianer. Wem nicht gefällt, was ein Häuptling bestimmt, schließt sich entweder einem anderen Stammesverband an oder wird sein eigener Chef. Das Häuptlingsamt wird zumeist vom Vater auf den Sohn übertragen, aber es gibt viele Ausnahmen zu dieser Regel. Klare Machtverhältnisse, wie die Europäer sie kannten, waren den Indianern fremd.

nen in Stellung bringen. Sie zielen genau auf die Tipis. Die Stimmung ist hochexplosiv. Es gibt nichts mehr zu sagen. Conquering Bear reitet mit seinen Begleitern zurück zum 300 Meter entfernten Lager. Da schießt einer der Weißen die beiden Begleiter des Häuptlings in den Rücken. Sie stürzen vom Pferd. Grattan befiehlt den Angriff. Conquering Bear wird als nächstes erschossen. Die Kanonenkugeln schlagen in die Tipis ein. Und da bekommt Grattan den Sturm zu spüren, den er selbst gesät hat. Ein Pfeilregen geht auf ihn und seine Männer nieder. Wer von den Indianern eine Schusswaffe hat, feuert sie ab. Mit Tomahawks stürzen sie sich auf die Soldaten. Die Indianer lassen keinen entkommen. Sie töten alle, verstümmeln in ihrer Wut die Leichen. Grattan kann später nur noch aufgrund seiner Taschenuhr identifiziert werden. An diesem 18. August 1854 entlädt sich der ganze aufgestaute Zorn der Lakota.

Die Weißen reagieren auf den Vorfall um Leutnant Grattan, indem sie im Frühjahr 1855 General William Harney mit 1200 Mann ins Indianergebiet entsenden. Die Indianer nennen ihn bald „Mad Bear", weil er sich wie ein tollwütiger Bär verhält. Er richtet im Lager der Brulé ein Massaker an. Das löst einen Flächenbrand aus: Die Indianer nehmen blutige Rache, bald sind tausende von Toten auf beiden Seiten zu beklagen. Als trauriger Höhepunkt des Blutvergießens kommt es 1864 zum Massaker am Sand Creek, bei dem die Armee sechshundert friedliche Cheyenne in ihrem Dorf überfällt und wahllos das Feuer auf Männer, Frauen und Kinder eröffnet – ein grausames Verbrechen, das die Indianer der Prärie zutiefst schockiert.

Bald erreichen die Indianerkriege eine neue Stufe der Gewalt. Im Quellgebiet des Missouri, fast 500 Kilometer westlich der Jagdgründe der Lakota, ist 1860 Gold entdeckt worden. Die Weißen eröffnen eine neue Straße durch das Powder-River-Land, die letzten verbliebenen Jagdgründe der Lakota: den Bozeman Trail. 5000 Wagen rollen nordwestwärts. Die Indianer lassen sich das nicht bieten. Sie überfallen die Siedler, wo es nur möglich ist.

Red Cloud zeichnet sich bei den zahllosen Überfällen auf die Siedler aus und genießt daher große Anerkennung unter den Kriegern. Einstimmig wählen sie ihn zum Kriegshäuptling, wie es in Zeiten kriegerischer Auseinandersetzung Brauch ist: Der Kriegshäuptling soll in Absprache mit dem Friedenshäuptling Entscheidungen treffen und die Krieger in den Kampf führen.

So wird Red Cloud neben Häuptling Man Afraid of His Horses der wichtigste Mann im Stamm. Er ist jetzt 45 Jahre alt, hat große Autorität. Seine Art zu sprechen reißt die jungen Krieger mit. Als Kriegshäuptling führt er sie in einen erfolgreichen Guerillakrieg gegen die Wagenkolonnen der Weißen und gegen die Soldaten, die die Siedler beschützen. Sein Name ist in aller Munde. Für die Weißen hat er einen Beigeschmack von Blut und Tod.

Bald will die Regierung der Vereinigten Staaten nur noch eines: endlich Frieden mit den Indianern. Auf Fort Laramie wird 1866 eine Friedenskonferenz vorbereitet. Boten werden in alle Himmelsrichtungen ausgesandt, um die Häuptlinge der Lakota an den Verhandlungstisch zu bringen. Man ist besonders darum bemüht, Red Cloud dazu einzuladen, den Mann, der den indianischen Widerstand organisiert. „Der Große Vater in Washington möchte, dass du ein Freund der Weißen wirst. Wenn du in einen Friedensvertrag einwilligst, wird er dich als ein Zeichen seiner Freundschaft reich beschenken" – so die Nachricht an ihn. Auf Fort Laramie wartet man gespannt. Wird der große Oglala-Führer kommen?

Red Cloud beschließt, nach Fort Laramie zu reiten und zu hören, was die Weißen ihm anzubieten haben. Die Stimmung auf dieser Konferenz am 5. Juni 1866 ist zunächst sehr freundschaftlich. Beide Seiten wollen Frieden. Auch Red Cloud

Teilnehmer der Delegation, die nach Fort Laramie reiste. Stehend: Red Bear, Young Man Afraid of His Horses, Good Voice, Ring Thunder, Iron Crow, White Tail, Young Spotted Tail. Sitzend: Yellow Bear, Red Cloud, Big Road, Little Wound, Black Crow

Von nun an vertraue ich nur noch auf meine Waffe und auf den Großen Geist Wakan Tanka, dass ich mein Recht erhalte.
Red Cloud, 13. Juni 1866

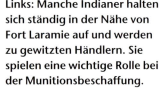

Links: Manche Indianer halten sich ständig in der Nähe von Fort Laramie auf und werden zu gewitzten Händlern. Sie spielen eine wichtige Rolle bei der Munitionsbeschaffung.

ist des Kämpfens müde. Die Weißen sagen, sie wollen keineswegs Land kaufen, sie wollen nur das Wegerecht für ihre Siedler auf dem Bozeman Trail, sie seien bereit, dafür mit Waffen, Munition und Lebensmitteln zu bezahlen. Sie versprechen, dass die Weißen kein Wild im Indianergebiet mehr schießen werden. Kann das stimmen?, überlegt Red Cloud. Was werden die Weißen auf dem Weg dann essen? Er bittet um Bedenkzeit. Er möchte, dass sein ganzes Volk die Vorschläge der Weißen hört.

Am 13. Juni 1866 stehen um das Fort tausende Tipis herum, abertausend Pferde grasen vor den Palisaden. Die Lakota haben sich im Fort eingefunden. Sie tragen ihre Festgewänder, die Haare der Krieger sind mit Federn geschmückt. Red Cloud trägt die Federhaube, in der 80 Federn von seinen großen Taten zeugen. Auch andere verdiente Krieger haben die Federhaube aufgesetzt. Eine eindrucksvolle, würdevolle Versammlung. Die weißen Verhandlungsführer wiederholen ihre Vorschläge. 75 000 Dollar will die amerikanische Regierung den Indianern jährlich für das Wegerecht bezahlen. Davon kann man viele nützliche Dinge und vor allem Lebensmittel kaufen. Die letzten Jahre waren voller Angst und Schrecken, voller Hunger und Not. Hoffnung auf Frieden steht in allen Gesichtern. Man wird die „Feder berühren", den Vertrag annehmen. Doch da platzt Häuptling Standing Elk mit der Nachricht herein, dass ganz in der Nähe 700 „Blauröcke" eingetroffen seien, eine ganze Kompanie Soldaten. Ihre Aufgabe sei es, entlang des Bozeman Trail Forts zur Sicherung der Straße zu errichten. Das hätten sie ihm selbst erzählt. Als sich diese Information mit der Ankunft von Colonel Carrington in Fort Laramie bestätigt, springt Red Cloud auf und weist empört auf Carrington. „Der Weiße Vater schickt uns Geschenke. Wir sollen ihm die Straße verkaufen. Aber dieser weiße Häuptling da kommt mit seinen Soldaten, um die Straße zu stehlen, bevor die Indianer ja oder nein zu dem Angebot gesagt haben." Red Cloud ergreift sein Gewehr und reckt es in die Luft: „Von nun an vertraue ich nur noch darauf und auf den großen Geist Wakan Tanka, dass ich mein Recht erhalte."

Damit verlässt Red Cloud die Konferenz. Andere Häuptlinge bleiben zurück. Sie wollen mit den Weißen über Lebensmittellieferungen verhandeln. Die Lakota sind sich uneins. Bis zum Abend geht das Feilschen weiter. Aber Red Cloud will nicht mehr verhandeln. Er weiß genau, was jetzt auf seinem Lebenspfad liegt: Krieg! Jetzt wird es Krieg im Indianerland geben. Red Clouds Krieg.

3

Red Clouds Krieg

>>> Red Cloud hat keine Mühe, ein Heer aufzustellen. Die jungen Männer laufen ihm in Scharen zu. Darunter ist auch ein junger Krieger, der im Freiheitskampf der Lakota noch eine große Rolle spielen wird: der Oglala Crazy Horse. Bald zählt Red Clouds Streitmacht über dreitausend Mann.

Schwieriger wird es, in ausreichender Menge Waffen und Munition zu beschaffen. Das gibt Carrington und seinen Leuten Zeit, ganz in der Nähe des Powder River einen neuen Hauptposten, Fort Kearny, zu errichten. Als Red Cloud schließlich seinen Krieg beginnt, kann er nur verzögern, nicht verhindern, dass das riesige Fort mit seinen 37 Gebäuden gebaut wird. Doch der Oglala-Führer bleibt gelassen, denn er hat erkannt, dass Carrington einen idiotischen Fehler bei der Wahl der Lage des Forts begangen hat: Es liegt zehn Kilometer vom nächsten Wald entfernt. Carrington wird häufig Holzfäller aussenden müssen, um das Fort auszubauen, auch um Brennholz herbeizuschaffen. Er sitzt in seinem eigenen Fort in der Falle. Red Cloud wird Katz und Maus mit Carrington spielen.

Er sorgt dafür, dass kein einziger Holzfällertrupp ungeschoren davonkommt. Bei diesen Scharmützeln beobachtet Red Cloud aufmerksam die Verhaltensweise der Soldaten. Wenn seine Krieger die Holzfäller attackieren, öffnen sich die Tore des Forts, und eine Ersatzabteilung kommt angeritten, um den Bedrängten zu Hilfe zu eilen. Niemals verfolgen die Soldaten die Indianer. Offenbar haben sie strikte Anweisung, sich von ihnen nicht in eine Falle locken zu lassen. Treffen die Blauröcke jedoch auf einzelne Indianer, jagen sie sie in blindem Hass. Dann lassen sie sich aus der Reserve locken. Red Cloud erkennt messerscharf, wie die Weißen zu überlisten sind. Am 21. Dezember 1866, einem bitterkalten Tag, holt er zum entscheidenden Schlag aus. Zweitausend Krieger verstecken sich hinter einer Hügelkette, dem Lodge Trail Ridge, etwa

Unten: Ein Siedlertreck vor Fort Kearny. Die 350 Soldaten von Fort Kearny müssen eine Strecke von 100 Meilen entlang des Bozeman Trail verteidigen – eine unlösbare Aufgabe. Während Red Clouds Krieg kommt kein Siedler ungeschoren davon.

Mit achtzig Mann könnte ich durch das gesamte Gebiet der Sioux reiten.
Hauptmann William Fetterman

Rechts: Zwischen August und Dezember 1866 töten Red Clouds Krieger 154 Weiße, stehlen 700 Pferde und greifen Fort Kearny insgesamt 51 Mal an.

Der Amerikanische Bürgerkrieg

Von 1861 bis 1865 kämpfen im Amerikanischen Bürgerkrieg die Nordstaaten gegen die Südstaaten um die Vorherrschaft. Auf beiden Seiten beteiligen sich insgesamt 20 000 Indianer an den Kämpfen. Mit dem Ende des Bürgerkriegs 1865 verschärft sich die Situation für die Lakota: Die Truppen im Westen können nun durch Soldaten verstärkt werden, die man im Osten nicht länger benötigt.

fünf Kilometer vom Fort entfernt. Währenddessen überfallen einige Krieger den Holzfällertrupp. Hauptmann William Fetterman, ein Angeber und Draufgänger, meldet sich in Fort Kearny freiwillig, den Männern zu Hilfe zu kommen. Fetterman ist begierig, sich einen Namen als Indianerkämpfer zu machen. Carrington ist nach seiner Meinung viel zu lasch. Mit achtzig Mann unter seinem Kommando will er den Rothäuten zeigen, wer hier das Sagen hat.

Er hält sich für äußerst schlau, als er mit seinen achtzig Mann den Holzfällerzug in weitem Bogen umgeht, um die Indianer von hinten zu überraschen. Auf dem Weg dorthin trifft er auf einzelne Krieger, die Red Cloud als Köder ausgesandt hat. Unter ihnen ist auch der junge, offenbar völlig furchtlose Crazy Horse. Die Lakota fangen an, Fetterman zu provozieren. Sie fliehen, aber nicht allzu weit. Sie rufen Fetterman englische Schimpfwörter zu, einige strecken den Soldaten sogar den blanken Hintern entgegen. Die Soldaten geraten in Wut. Unbesonnen nehmen sie die Verfolgung auf. Die Indianer schreien, so als hätten sie Angst, und reiten da-

von, weg vom Fort. Sie bleiben aber immer hübsch in Sichtweite. Eigentlich hätte Fetterman den Braten riechen müssen, aber in seiner Mordlust vergisst er alle Vorsicht. Er setzt den Indianern immer weiter nach. Am Peno Creek, einem kleinen Fluss, teilt sich Crazy Horses Gruppe und reitet in verschiedene Richtungen davon. Das ist das Zeichen zum Angriff. Die Falle schnappt zu. Eine Stunde später sind alle Soldaten tot. Hauptmann Fetterman stirbt als einer der letzten. Er gibt sich selbst die Kugel, als er erkennen muss, dass die Schlacht verloren ist. Die Indianer nennen sie „Schlacht der hundert Erschlagenen", denn sie beklagen etwa hundert Tote. Für die Weißen ist es das „Fetterman-Massaker". Es ist die schwerste Niederlage der amerikanischen Armee bis zu diesem Zeitpunkt.

Die amerikanische Regierung ist entsetzt. 1867 wird eine neue Friedenskommission ins Indianergebiet entsandt. Sowohl im Sommer als auch im November kommt es zu Konferenzen. Die Regierung spricht zum ersten Mal davon, die Lakota in Reservate umzusiedeln. Die Indianer sind geschockt. Was kommt da auf sie zu?

Red Cloud nimmt an keinem der Treffen teil. Aber als er von Plänen erfährt, die Lakota an den Missouri umzusiedeln, wo es kein Wild mehr gibt und nichts als die Not auf sie wartet, weiß er, dass er keine Wahl hat: Er muss seinen Krieg gewinnen.

Red Cloud führt den Kampf mit noch größerer Entschlossenheit fort, überfällt Glücksritter, Goldsucher und Siedler, die sich auf den

Selbstjustiz

Im Jahr 1868 hat Red Clouds Streitmacht das Land am Powder River unter Kontrolle. Die Soldaten können ihm und seinen Kriegern kaum etwas entgegensetzen. In Colorado sammeln die Bürger daher 5000 Dollar, um damit Indianermörder anzuwerben. Für jeden Skalp eines Indianers gibt es eine satte Prämie.

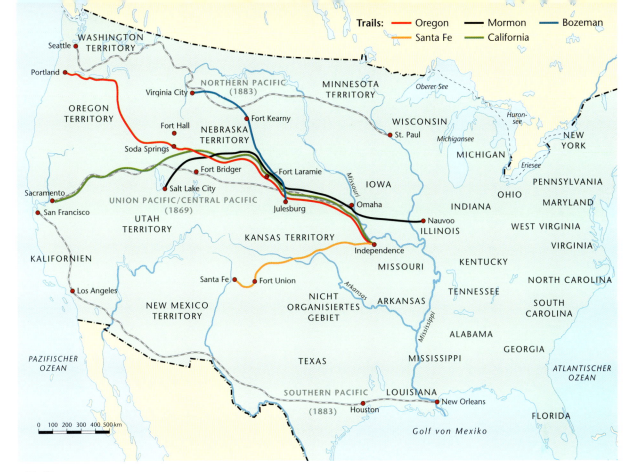

Nur ein toter Indianer ist ein guter Indianer.

Amerikanisches Sprichwort zur Zeit der Indianerkriege. Es geht auf einen Ausspruch des Indianerhassers General Sheridan (1831–1888) zurück.

Bozeman Trail wagen. „Bloody Bozeman" – „blutiger Bozeman" – nennen die Weißen die Straße mittlerweile. Es kommt zu zahllosen Zusammenstößen zwischen Soldaten und Red Clouds Kriegern. Nicht nur Red Cloud und seine Oglala führen Krieg gegen die Weißen. Auch die Hunkpapa-Lakota haben das Kriegsbeil ausgegraben und führen auf dem Bozeman Trail Überfälle durch. Ihr Häuptling Tatanka Yotake ist

Eine Flut von Wagentrecks zieht zwischen 1840 und 1880 nach Westen: Siedler, Goldsucher, Glücksritter auf der Suche nach einem besseren Leben. Entlang der Trails werden Forts angelegt, um sie zu schützen, was noch mehr Weiße anlockt. Die Besiedelung des Westens wird durch den Bau der Eisenbahn weiter beschleunigt.

Reservatspolitik

1830 beschließt die amerikanische Regierung ein Umsiedlungsgesetz (Indian Removal Act), durch das bis 1865 50 Stämme aus ihrer Heimat vertrieben werden. Sie werden in Reservaten westlich des Mississippi angesiedelt, die sich fernab der Interessensgebiete der Weißen befinden. Meist handelt es sich um unerschlossenes, karges Land. Dort sollen sie „zivilisiert" werden und lernen, sich an die Kultur der Weißen anzupassen. Die Weißen können die ehemalige Heimat der Vertriebenen in einer Art Lotterie als Besitz gewinnen.

Am 6. November 1868 unterzeichnet Red Cloud den Friedensvertrag von Laramie. „Solange Gras wächst, Flüsse fließen und die Toten nicht auferstehen" sollen die Black Hills den Indianern gehören. Nur wenige Jahre später wird der Vertrag von den Weißen gebrochen.

1868 kamen Männer zu uns und brachten Papiere mit. Wir konnten sie nicht lesen, und sie sagten uns nicht, was darin stand. Wir dachten, dass der Vertrag besagt, dass sie die Forts räumen würden und wir zu kämpfen aufhören.

Red Cloud in seiner Rede in New York 1870

ein Mann, der zur Legende wird. Die Weißen kennen ihn unter dem Namen Sitting Bull. Voller Schrecken stellen die beiden großen Häuptlinge bald fest, dass sich der Krieg verschärft. Zwei neue Forts werden gebaut, zudem haben die Weißen inzwischen neue, viel bessere Waffen: Springfield-Hinterlader, Repetiergewehre – neun Mal hintereinander kann man damit schießen, ohne nachzuladen. Red Clouds Krieger werden bei jedem Angriff auf die Weißen zu hunderten erschossen, aber dennoch geben sie ihren Kampf nicht auf.

Seit dem „Fetterman-Massaker" ist der Regierung klar: Ein Friedensvertrag, den Red Cloud nicht unterzeichnet hat, ist das Papier nicht wert, auf dem er steht. Ohne ihn wird es im Land am Powder River keinen Frieden geben. Die Regierung in Washington gibt die unmissverständliche Anweisung, endlich Frieden zu schaffen. Man schickt Red Cloud eine ganze Wagenladung mit Tabak und bittet ihn höflichst, nach Fort Laramie zu kommen, um über Frieden zu sprechen. Dann werde es viele Geschenke geben. Doch Red Cloud ist nicht käuflich. Er werde erst dann kommen, wenn die Soldaten die Forts geräumt und das Land verlassen haben, lässt er zum wiederholten Male ausrichten.

Rechts: Jede Feder der Kriegshaube steht für eine mutige Tat im Kampf gegen Feinde. Die Federn werden mit Zeichnungen versehen oder an bestimmten Stellen beschnitten, woraus hervorgeht, wofür der Träger sie erworben hat. Auch die Kriegshemden sind mit Darstellungen von mutigen Taten und Schutzsymbolen geschmückt.

Vertrag von Laramie

In dem 1868 geschlossenen Vertrag wurde alles Gebiet westlich des Missouri einschließlich der Black Hills als Indianerland ausgewiesen, das ausschließlich den Indianern zur uneingeschränkten Nutzung zur Verfügung stehen sollte. Von der Nordgrenze Nebraskas bis zum 46. Breitengrad und vom Missouri im Osten bis zum 104. Meridian im Westen durfte kein Weißer siedeln. Nur wenn mindestens drei Viertel der in diesem Gebiet lebenden erwachsenen männlichen Indianer zustimmten, durfte etwas von diesem Land abgetreten werden.

1868 ist es soweit. Boten übermitteln Red Cloud die Nachricht, dass die Regierung bereit sei, die Forts aufzugeben. „Wir sind auf den Bergen und blicken auf die Forts herab. Wenn wir sehen, dass die Soldaten abziehen und die Forts geräumt sind, werden wir herunterkommen und verhandeln", erhalten die Weißen als Antwort. Am 29. Juli 1868 packen die Soldaten ihre Ausrüstung zusammen und verlassen erst Fort C.F. Smith, einen Monat später Fort Kearny, dann Fort Reno. Die Indianer brennen in einem Freudentaumel die verlassenen Forts nieder. Nach zwei Jahren Kampf hat Red Cloud seinen Krieg gewonnen. Jetzt ist er bereit, mit den Weißen ein Friedensabkommen zu schließen.

Red Cloud hat es nicht besonders eilig, mit den Friedensverhandlungen zu beginnen. Erst am 4. November 1868 erscheint er mit vielen seiner Krieger in Fort Laramie, um zu hören, was die Weißen ihm vorschlagen wollen. Die erleichterten Weißen begrüßen sie ausgesucht höflich. Jetzt bloß nichts falsch machen!

Aber Red Cloud willigt in den Frieden ein. Es gibt für ihn keinen Kriegsgrund mehr. Die Weißen sind aus seinem Land verschwunden. Alles soll wie früher werden. Fort Laramie soll wieder zu einem Handelsstützpunkt werden, wo die Indianer Felle gegen nützliche Dinge und Lebensmittel tauschen können. Darüber will er mit den Bleichgesichtern verhandeln.

Die Weißen zücken den vorbereiteten Vertrag. Red Cloud lässt sich den Inhalt von einem radebrechenden Dolmetscher erklären. Er erfährt, dass die Indianer in ein Reservat westlich des Missouri umgesiedelt werden sollen. Red Cloud lehnt entschieden ab. Man redet stundenlang hin und her. Reservat – das sei ein Ort, der für Weiße tabu ist, erklärt man ihm, mehr nicht. Das klingt in Red Clouds Ohren so, als sei es ein Paradies für Indianer. Mehr schlecht als recht übersetzt ein völlig überforderter Dolmetscher die insgesamt 16 Artikel des Friedensvertrags: Schulen sollen gebaut werden, in denen die Indianerkinder lesen und schreiben lernen, und feste Unterkünfte. Es soll eine Unterweisung in Ackerbau und Viehzucht geben. Viele gute Dinge für die Indianer! Man redet den großen Kriegshäuptling der Lakota schwindelig. Und immer wieder versichert man ihm, dass er die dringend für die Jagd benötigte Munition, um die er gebeten hat, nur dann erhält, wenn er endlich zustimmt.

Zögernd, unsicher, ob es richtig ist, was er da tut, kniet sich Red Cloud schließlich hin, wäscht seine Hände im Staub und unterzeichnet mit der Erde vom Land seiner Väter an den Fingern den Vertrag. Und besiegelt damit den Untergang seines stolzen Volkes. Red Clouds großer Sieg wird durch die Unterzeichnung dieses Vertrags nachträglich zur Niederlage.

Schon im Frühjahr des folgenden Jahres erfährt er, was es tatsächlich mit den Reservaten auf sich hat: Red Cloud reitet mit etwa tausend seiner Krieger nach Fort Laramie, um Felle gegen die Waren der Weißen zu tauschen. Der Zugang zum Fort wird ihm verwehrt, die Indianer dürfen hier nichts mehr tauschen, nicht einmal mehr lagern. Der nächste Posten, wo das möglich sei, sei Fort Randall. Red Cloud hält das zunächst für einen Witz. Fort Randall liegt 500 Kilometer entfernt! Ja, genau dorthin sollen sie alle gehen, sagt man ihm, dort sei ihr Reservat. Nur dort erhielten sie all die anderen Dinge, die im Vertrag von Laramie zugesagt worden seien: Wollkleidung, Geld, Vieh für die Viehzucht, feste Häuser, ein Pfund Mehl und ein Pfund Fleisch pro Tag für jeden Indianer, der älter als vier Jahre ist. Viele Lakota begeben sich daraufhin in das Reservat am Missouri im heutigen Bundesstaat South Dakota. Sie wollen nicht mehr hungern.

Red Cloud denkt nicht daran umzusiedeln. Er hat zu hart für das Land am Powder River gekämpft. Wieder kommt es zu Unruhen. Ein neuer Präriebrand, so scheint es, steht bevor.

Und da trifft Red Cloud die vielleicht mutigste Entscheidung seines Lebens. Er beschließt, den „Großen Vater" – den Präsidenten der Vereinigten Staaten Ulysses Grant – in Washington zu besuchen, um mit ihm persönlich über den geschlossenen Vertrag und über die Zukunft seines Stammes zu verhandeln.

Mit 25 Begleitern besteigt der inzwischen 48-Jährige am Abend des 27. Mai 1870 das „eiserne Pferd", gegen das er viele Jahre erbit-

Red Cloud unternimmt im Laufe seines Lebens insgesamt zehn Reisen nach Washington, um auf die große Not seines Volkes aufmerksam zu machen.

tert gekämpft hat, und macht sich auf den über 2500 Kilometer weiten Weg nach Osten. Nach fünf Tagen erreicht er Washington, wo er am 1. Juni um sechs Uhr morgens empfangen wird. Red Cloud genießt selbst bei den Weißen großes Ansehen. Auf sein Wort war immer Verlass. Mit ihm könnte der Frieden in den Prärien verwirklicht werden.

Bevor die Indianer den Präsidenten treffen, zeigt man ihnen die Stadt. Wie einem Touristen führt man Red Cloud die riesige, eindrucksvolle Kuppel des Kapitols, des Regierungsgebäudes, vor, von der man einen guten Überblick über die imposante Hauptstadt der Weißen hat. Dann zeigt man ihm die Waffenkammern. Das Volk der Lakota ist nicht in der Lage, selbst Waffen und Munition für die Gewehre herzustellen. Die Weißen scheinen dagegen über einen unerschöpflichen Vorrat zu verfügen. Red Cloud lernt an diesem Tag die Lektion, die die Weißen ihm erteilen wollen: Ihre Stärke und Waffengewalt ist allem, was die Lakota aufbieten können, weit überlegen.

Als es am nächsten Tag im Innenministerium zu einer ersten Konferenz kommt, hört er aufmerksam zu, was die Weißen sagen. Dann soll auch er seine Gedanken aussprechen. Man bietet ihm einen Stuhl an, aber Red Cloud setzt sich auf den Boden. Er strahlt so große Würde aus, dass es still wird im Saal.

Gespannt lauschen die Konferenzteilnehmer seinen berühmt gewordenen Worten.

„Seht mich an", beginnt er seine Rede, „einst war ich ein Krieger in einem Land, in dem die Sonne aufging. Jetzt komme ich aus einem Land, in dem sie untergeht. Wessen Stimme erklang zuerst in jenem Land? Die der roten Menschen mit Pfeil und Bogen. Der Große Vater sagt, er ist gut und freundlich zu uns. Das kann ich nicht sehen. Was in meinem Land geschieht, das möchte ich nicht, und ich habe auch niemals darum gebeten. Weiße gehen durch mein Land. Großer Vater – hast du oder haben deine Freunde Kin-

Alles, was ich möchte, ist gerecht und fair.
Red Cloud in seiner Rede in New York 1870

Der Sitz der amerikanischen Regierung: das Kapitol in Washington. Zur Zeit von Red Clouds Besuch wohnen in Washington etwa 100 000 Menschen, mehr als der Lakota-Häuptling je an einem Ort gesehen hat.

27

Red Cloud

Red Cloud wird im Winter **1821/22** am Bluewater Creek, einem Nebenfluss des Platte River, geboren. Sein Lakota-Name ist Makhpiya luta. Er zeichnet sich schon früh im Kampf gegen die Crow und die Pawnee aus. Ab etwa **1850** führt er als Kriegshäuptling der Oglala-Lakota Überfälle auf weiße Siedler durch, die in großen Trecks durch sein Land ziehen und das Wild vertreiben. **1866–1868** kämpft er einen erfolgreichen Guerilla-Krieg, der als Red Clouds Krieg in die Geschichte eingeht. Er zwingt die Amerikaner zum Abzug ihrer Truppen aus den Jagdgründen der Lakota. **1868** unterzeichnet er den Friedensvertrag von Laramie. **1870** besucht er Washington und trifft mit Präsident Ulysses Grant zusammen. **1876** geht er ins Pine-Ridge-Reservat, wo er sich gegen korrupte Indianeragenten wehren muss. Am **10. Dezember 1909** stirbt Red Cloud dort im Kreise seiner Familie.

Häuptling Red Cloud wird bis heute dafür kritisiert, dass er sich dazu drängen ließ, den Abtretungsvertrag über die Black Hills zu unterzeichnen. Doch Red Cloud wusste, dass der Vertrag ungültig war, solange nicht drei Viertel des Stammes seine Einwilligung zur Abtretung gab.

der? Willst du sie aufwachsen sehen? Sieh mich an und all die jungen Krieger, die ich mitgebracht habe. Wir sind alle verheiratet und haben Kinder. Wir wollen sie großziehen, aber der weiße Mann hat uns nur eine kleine Insel gelassen. Als uns das Land noch gehörte, waren wir stark. Jetzt schmelzen wir wie der Schnee auf den Bergen, während nur noch ihr wachst, wie die Grashalme im Frühjahr. Ich mag das Reservat am Missouri nicht. Es ist jetzt das vierte Mal, dass ich das sage. Einige von uns leben bereits dort. Unsere Kinder sterben dort wie die Schafe. Das Land behagt uns nicht. Ich bin hierher zu euch, in das Haus des Großen Vaters, gekommen. Wenn der weiße Mann in mein Land kommt, zieht er eine Blutspur hinter sich her. Wenn ich wieder in meine Heimat zurückgekehrt bin, seht nach, ob ich irgendwelches Blut vergossen habe."

Präsident Grant, mit dem Red Cloud am folgenden Tag zusammentrifft und mit dem er in einer feierlichen Zeremonie die heilige Pfeife raucht, verspricht, dafür zu sorgen, dass die Lakota ihr Recht bekommen. Red Cloud fasst Vertrauen in seine Worte.

Der Besuch in Washington wird im Großen und Ganzen zu einem Erfolg. Das Wichtigste: Der Vertrag von Laramie wird in Teilen zurückgenommen, die Indianer dürfen leben, wo sie wollen, in den Reservaten oder in ihren Jagdgründen, ganz nach Belieben. Red Cloud hat erreicht, was er erreichen konnte. Es ist Zeit für ihn, zu seinem Volk zurückzukehren.

Die Reise hat Red Cloud verändert. Er hat verstanden, dass es nur einen Weg geben kann, dass sein Volk überlebt: den Weg des

Friedens. Egal wie mutig sie kämpfen, egal was für Entbehrungen sie auf sich nehmen. Gegen die Übermacht der Weißen können sie nichts ausrichten. In der letzten Juliwoche des Jahres 1870 ruft er alle Lakota zusammen, um sie auf den Pfad des Friedens zu führen.

Er selbst werde nie wieder eine Waffe gegen einen anderen Menschen erheben, sagt Red Cloud, er sei jetzt sogar bereit, mit seinen Todfeinden, den Crow und den Pawnee, Frieden zu schließen. Er lehnt nicht einmal mehr die Reservate ab, die die Weißen ihnen vorschlagen. Er hat gesehen, dass es kaum noch Bisons gibt. Wenn die Lakota weiterhin darauf beharren, als Jäger zu leben, werden sie verhungern. Sein Volk muss seine Gewohnheiten ändern. Er wird ihnen voranschreiten.

Doch die jungen Krieger, die Red Cloud vorher bedingungslos in den Kampf gefolgt sind, wenden sich enttäuscht von ihm ab. „Die Weißen haben Red Cloud schlechte Zaubermedizin in die Augen gestreut, damit er alles so sieht, wie es ihnen recht ist", sagt Sitting Bull, der kämpferische Medizinmann und Häuptling der Hunkpapa-Lakota, verächtlich. Red Cloud begibt sich 1873 in ein Reservat am White River, 100 Meilen von Fort Laramie entfernt. Er hat den Rückhalt der jungen Krieger verloren. Sie können nicht sehen, dass er den Kampf für sein Volk nicht aufgegeben hat. Das wird er niemals tun. Er kämpft jetzt nur anders als früher.

Auch in New York hält Red Cloud eine viel beachtete Rede. „Eure Art von Wohlstand tut uns nicht gut. Wir wollen keine Reichtümer. Wir wollen nur so viel, dass wir unsere Kinder zu rechtschaffenen Menschen erziehen können ..."

Wir kamen aus zwei verschiedenen Richtungen, jetzt müssen wir einen gemeinsamen Weg einschlagen. Wir müssen unsere beiden Häuser zu einem gemeinsamen umbauen.

Red Cloud im Jahre 1886

Sitting Bull und Crazy Horse

>>> **Die Black Hills** sind für die Lakota heilige Berge. Der Mittelpunkt der Welt, ein Ort der Mächte und der Geister. Im Vertrag von Laramie von 1868, als man sie noch für wertlos hielt, wurden sie den Indianern auf ewig zugesprochen. Als aber 1874 die Zeitungen verkünden, dass man dort „von den Graswurzeln abwärts Gold" finden kann, ziehen 15 000 weiße Goldgräber in die Black Hills und wühlen die Erde auf. Sie schießen im heiligen Bezirk der Lakota das Wild, fällen Bäume, um Hütten zu bauen, und hinterlassen eine Spur der Verwüstung.

Red Cloud vertraut darauf, dass der „Große Vater" sein Versprechen halten und Soldaten schicken wird, um die Black Hills zu schützen. Er predigt Geduld. Keiner will angesichts dessen, was in den Paha Sapa geschieht, solche Worte hören.

Die jungen Krieger schließen sich den Häuptlingen Crazy Horse und Sitting Bull an, die noch nie ein Reservat betreten haben, die sich geweigert haben, den Vertrag von Laramie zu unterzeichnen, noch nie Almosen von den Weißen angenommen haben und die jetzt den Kampf gegen die Weißen anführen.

Auch Red Clouds einziger Sohn Jack zieht mit ihnen. Red Cloud verliert vollends seine Autorität und seine Glaubwürdigkeit, als der

Goldrausch in den Black Hills. Für die Lakota ist die Habgier der Weißen unbegreiflich. Die Natur, der Himmel und die Erde sind für sie heilig und unantastbar.

Black Hills

Paha Sapa heißt übersetzt „viele Hügel, die schwarz sind". Schwarz erschienen den Indianern die dunklen Kiefernwälder an den steilen Abhängen der Berge. Wie eine Insel in einem Meer aus Gras erhebt sich das 104 Kilometer breite Hügelgebiet im Grasland zwischen South Dakota und Wyoming. Die Berge sind zwischen 900 und 2200 Metern hoch. Die höchste Erhebung ist der Harney Peak mit 2207 Metern. Die Black Hills sind heute wegen des Mount Rushmore, in den man in riesigen Ausmaßen die Gesichter von vier berühmten amerikanischen Präsidenten gemeißelt hat, aber auch wegen des Crazy-Horse-Denkmals ein Anziehungspunkt für zahllose Touristen.

„Große Vater" nicht etwa Soldaten zum Schutz der heiligen Berge schickt, sondern stattdessen eine Kommission, die über die Abtretung der Berge verhandeln soll. 20 000 Indianer kommen am White River zusammen, und alle sind sich einig: Keine Handvoll Erde werden sie von den Black Hills hergeben. Und immer noch unternimmt die Regierung nichts gegen die Goldsucher. Es kommt zu Unruhen. Die amerikanische Regierung erlässt ein neues Gesetz, das sämtliche Indianer zwingt, ins Reservat zu gehen, und zwar spätestens bis zum 31. Januar 1876. Jetzt werden endlich auch Soldaten entsandt. Ihre Aufgabe: die Indianer in die Reservate zu treiben. Die Soldaten feuern in alle Richtungen. Wieder werden Frauen, Kinder und Alte getötet, und ganze Indianerdörfer gehen in Flammen auf.

Währenddessen versucht Red Cloud, die Wogen zu glätten. Er setzt sich erneut mit den Weißen an den Verhandlungstisch. Er spricht mit ihnen über die Abtretung der Black Hills. Viele junge Krieger sind empört, ja geradezu angeekelt von diesen Verhandlungen.

Aber Red Cloud hat Augen, und die sehen all das Leid, den Hunger und die Not, die die ehemaligen Jäger erleiden. Die Weißen reißen die Black Hills ohnehin an sich, ob es nun einen Vertrag gibt oder nicht. Wenn es ihm gelingt, für den Frevel, den sie in den Black Hills tun, eine Entschädigung auszuhandeln, kann er die Not seines Volkes lindern. Er denkt dabei auch an die kommenden Generationen. Mit dem Geld kann man ihnen eine Zukunft erkaufen. So funktioniert nun einmal die neue, weiße Welt, ob das den jungen Kriegern schmeckt oder nicht.

Doch die jungen Krieger wollen lieber kämpfen als verhandeln.

Allen ist klar, dass es nun bald die entscheidende Schlacht geben wird. Um die beiden Häuptlinge Sitting Bull und Crazy Horse haben sich etwa 15 000 Krieger geschart. Sie sind bereit, für das Land ihrer Väter ihr Leben zu lassen und ihre Freiheit, ihren Stolz und ihre Würde zu verteidigen.

Wir wollen hier keine Weißen. Die Black Hills gehören mir. Wenn die Weißen versuchen, sie uns wegzunehmen, werde ich kämpfen.

Sitting Bull im Jahre 1876

Sitting Bull entstammt einer Häuptlingsfamilie. Er führt die Krieger an, die die Umsiedlung in Reservate sowie jegliches Verhandeln mit den Weißen ablehnen.

Auch die Weißen wollen ein Ende der blutigen Indianerkriege. Wenn nötig ein Ende mit Schrecken. Sie entsenden General Crook mit mehreren Regimentern in das Indianerland. Er soll die Männer um Crazy Horse und Sitting Bull endlich ins Reservat jagen.

Crazy Horse ist ein herausragender Krieger. Er hat ein schmales, hageres Gesicht, ist mittelgroß und hellhäutig und hat lockige Haare. Als Kind hieß er daher Curly – der Lockige. Erst nach seinem ersten Kampf wurde er Crazy Horse genannt. Ein roter Strich wie ein gezackter Blitz über der linken Wange, ein Amulett aus Bergkristall, nur mit einem Lendenschurz bekleidet – so reitet er in die Schlacht.

Wie mutig er als Krieger ist, das hat er schon bei dem Fetterman-Gefecht unter Beweis gestellt. Jetzt zeigt sich, dass er auch ein kluger, taktisch denkender Anführer ist.

Am 17. Juni 1876 kommt es am Rosebud Creek gegen die Truppen von General Crook zur Schlacht. 1500 Krieger und 1000 Soldaten prallen aufeinander. Crazy Horse greift mit seinen Kriegern und den verbündeten Cheyenne von drei Seiten gleichzeitig an. Dann wenden sich die Krieger pfeilschnell ab und greifen im nächsten Moment an anderer Stelle erneut an. Eine waghalsige Strategie.

Oben: Die Tipis sind so gebaut, dass sie selbst im härtesten Winter Schutz bieten. Sie werden mit drei oder vier Hauptstangen kegelförmig errichtet, dazu kommen bis zu 20 kleinere Stangen. Der Eingang der Tipis ist stets nach Osten gerichtet, damit er im Windschatten der Winterstürme bleibt.

Rechts: Eine Gruppe Krieger zieht in den Kampf. Die Krieger betreiben großen Aufwand mit ihrer Kleidung und auch mit ihren Haaren, wenn sie in die Schlacht reiten: Für den Fall ihres Todes wollen sie schön geschmückt sein, und sie wollen dem Feind imponieren.

Die verwirrten Soldaten schießen blindwütig um sich. Crazy Horse
drängt sie immer weiter in die Verteidigung. Am Ende bleibt den
Bleichgesichtern nur noch der Rückzug. Doch kann dieser Sieg den
Krieg gegen die Weißen entscheiden? Welches Schicksal wartet auf
die Lakota?

Zwar sind alle Häuptlinge ebenbürtig, aber Sitting Bull steht
über allen anderen. Das liegt an seiner Fähigkeit als Seher.

Sitting Bull ist ein Wicaša Wakan, ein heiliger Mann. Der Große
Geist Wakan Tanka schickt ihm Visionen, er kann die Zukunft vor-
aussehen. Durch die Teilnahme am Sonnentanz, der wichtigsten
Zeremonie der Lakota, die jedes Jahr im Sommer begangen wird,
hat er seine spirituelle Kraft gestärkt. Kein anderer Lakota hat an
so vielen Sonnentänzen teilgenommen wie Sitting Bull. Unzählige
Narben an Brust, Rücken und Armen hat er davongetragen.

Zum Sonnentanz kommen alle Lakota der Prärie für acht Tage
zusammen, um dem Großen Geist mit einem Opfer für seinen Bei-
stand zu danken. Freiwillig unterziehen sich die Tänzer grausamen
Martern. Sie bohren lange Hornspieße tief in die Haut des Rückens
oder der Brust, die über Lederriemen mit einem Pfahl, dem Sonnentanzbaum, in der Mitte des Tanzplatzes, manchmal auch mit einem
Bisonschädel verbunden sind, den sie unter großen Schmerzen hinter sich herziehen.

Heute ist ein guter Tag zum Sterben. Folgt mir.

Crazy Horse vor der Schlacht am
Little Bighorn, Juni 1876

Beim Sonnentanz werden Spieße in die Haut getrieben und über Riemen mit dem Sonnentanzbaum verbunden. Die Tänzer hängen sich in die Riemen und tanzen solange im Kreis, bis der Spieß aus dem Fleisch reißt. Sie hoffen dabei auf eine Vision.

Der Körper eines Mannes gehört nur ihm selbst, und wenn er seinen Körper oder sein Fleisch darbietet, dann gibt er das Einzige, was ihm wirklich gehört.

Chased by Bears, Lakota

Während des Tanzes, der nach dem Lauf der Sonne im Uhrzeigersinn erfolgt, werden die Spieße aus der Haut gerissen. Blutüberströmt tanzen die Männer so lange weiter, bis sie in Trance geraten, den Zustand, in dem der Große Geist Visionen schickt.

1876, nach der Schlacht am Rosebud Creek, ist Sitting Bull bereit, Wakan Tanka das größte Opfer zu bringen, das je bei einem Sonnentanz erbracht worden ist. Den Zuschauern stockt der Atem, als er sich mehr als 50 Hautstücke aus dem Fleisch schneiden lässt. Nicht das kleinste Zucken in seinem Gesicht verrät, wie schmerzhaft diese Prozedur ist. Kein Schmerzensschrei kommt über Sitting Bulls Lippen. Man hört nur, dass der Häuptling betet. Er blutet aus seinen Wunden. Wie ein purpurfarbener Umhang fließt das Blut an

 ### Heiliger Mann – Medizinmann

Zu den Aufgaben eines Wicaša Wakan gehörte es, die Träume und Visionen zu entschlüsseln, die andere Krieger hatten, weil sie eine besondere Verbindung zum Übernatürlichen hatten. Sitting Bull konnte sich an Visionen erinnern, die er hatte, als er noch im Mutterleib war. „Ich lernte dort über die Pocken, die mein Volk töteten. Der Allmächtige Gott muss mir damals gesagt haben, dass ich der Mann sein würde, der für die Indianer auf all ihren Wegen entscheiden würde."

ihm herab. Stampfend beginnt er zu tanzen. Die Sonne brennt erbarmungslos. In der Mittagsglut bricht ein Tänzer nach dem anderen zusammen. Nur der Häuptling ist noch auf dem Tanzplatz. Selbst als die Sonne untergegangen ist, macht er weiter. Keiner im Lager wagt mehr zu sprechen. Auch die Trommeln sind verstummt. Doch Sitting Bull gibt nicht auf. Er will jetzt endlich eine Antwort des Großen Geistes: Wie wird es mit seinem Volk weitergehen? Wie sieht die Zukunft aus?

Schließlich kann der tanzende Häuptling seine Bewegungen nicht mehr steuern. Sein Körper fängt an zu zucken, er krächzt etwas, das keiner versteht, der Boden unter ihm wankt. Er bricht zusammen, über ihm reißt der Himmel auf. Berittene Soldaten stürzen in das Lager der Lakota herab, zwischen ihnen Pferde und Indianer. Endlich! Wakan Tanka schickt ihm eine Vision. Doch was bedeutet sie? Kriegsgeschrei dröhnt in Sitting Bulls Ohren, Schüsse, das Wiehern von Pferden. Eine Stimme spricht zu ihm, aber er kann sie nicht verstehen. Ist der Untergang seines Volkes nah? Will der Große Geist ihm das mitteilen? Grenzenloses Entsetzen erfasst Sitting Bull. Aber dann ist endlich Stille auf dem Schlachtfeld, und er versteht die Stimme, die sich ihm mitteilen will. Sie kommt von weit oben. Merkwürdig ist der Satz, den sie sagt: „Ich gebe Dir diese, weil sie keine Ohren haben." Doch Sitting Bull weiß, was das bedeutet. Die Weißen haben nicht auf die Indianer gehört, jetzt ist der Zeitpunkt, dass sie dafür bezahlen müssen. Er weiß jetzt, dass die nächste Schlacht der letzte große Kampf zwischen den Lakota und den Weißen sein wird. Und er weiß, dass die Lakota diese Schlacht gewinnen werden. Daran glaubt er ohne jeden Zweifel, und diesen Glauben überträgt er auf seine Krieger.

Der große Kampf, den Sitting Bull vorausgesehen hat, lässt nicht lange auf sich warten. Er wird als die letzte große Schlacht zwischen Indianern und Weißen in die Geschichte eingehen: die Schlacht von Little Bighorn. Sitting Bulls und Crazy Horses Krieger prallen auf Oberstleutnant George Armstrong Custer und seine Truppen. Red Cloud ist nicht dabei. Er hält sich an sein Wort, niemals wieder eine Waffe gegen einen anderen Menschen zu erheben.

Es ist Sonntag, der 25. Juni 1876. Sitting Bull und Crazy Horse haben sich mit ihrem Stamm am Ufer des Little Bighorn niedergelassen, um Bisons zu jagen. Das Jagdgebiet liegt außerhalb der Re-

Tapfere Pferde, die sich im Kampf ausgezeichnet haben, werden von ihren indianischen Besitzern häufig durch geschnitzte Gedenkstäbe geehrt. Auf diesem Stab sieht man deutlich die Wunden, die das Pferd im Kampf erlitten hat.

servate, die seit dem neuen Gesetz von den Indianern nicht mehr verlassen werden dürfen. Also beschließt die Armee, das Lager zu erstürmen. Eine gute Gelegenheit, den verhassten und gefürchteten Häuptlingen einen Denkzettel zu verpassen. General Terry und Oberstleutnant Custer wollen das Indianerlager von zwei Seiten in die Zange nehmen. Sie wissen nur, dass das Lager irgendwo am Little Bighorn ist. Custer soll die genaue Lage herausfinden und seinen besten Scout mit dieser Meldung zu Terry schicken. Sobald die Truppen in Position gebracht sind, aber auch wirklich erst dann, soll die Zange zugreifen und die Rothäute zerquetschen. „Kein vorschnelles Vorgehen!", bekommt Custer eingeschärft. Mit sechshundert Soldaten macht er sich auf den Weg. Er lässt sie fast die ganze Nacht hindurch reiten, bis sie vor Müdigkeit beinahe vom Pferd fallen. Custers Scouts entdecken das Indianerlager am Westufer des Little Bighorn. 1500 Zelte, zwei- bis dreitausend Krieger. Da beschließt der ehrgeizige Custer, alle Absprachen in den Wind zu schlagen und die vielen Rothäute ganz allein zu besiegen.

Er schickt keinen Scout zu General Terry, sondern teilt stattdessen seine Männer in vier Einheiten auf und befiehlt den Angriff. Einen richtigen Plan gibt es nicht. Alle sollen sich gegenseitig helfen, mehr hat er nicht gesagt. Zwei Einheiten greifen das Indianerdorf von der Südseite her an. Dort werden sie von Crazy Horses Kriegern zurückgeschlagen. Sie fliehen und verschanzen sich in einem Waldstück. Custer führt seine Gruppe zum Nordende des Dorfes und wird von einem 2500 Mann zählenden Indianerheer angegriffen. Danach geht alles sehr schnell: Nach nicht einmal einer halben Stunde sind Custer und seine zweihundert Männer tot.

Die Amerikaner sind entsetzt über die vernichtende Niederlage. Die Indianer, die gegen Custer gesiegt haben, werden als blutgie-

Indianer-agenten

Die Aufgabe der Agenten war es, die Lebensmittelzuwendungen der Regierung an die Indianer auszuteilen. Viele von ihnen waren korrupt und gaben an die Indianer nur minderwertige Waren weiter, während sie das, was den Indianern zustand, auf eigene Rechnung verkauften. Washington war weit weg, und es wurde kaum kontrolliert, was in den Reservaten passierte. Die Posten als Indianeragenten waren so beliebt, dass sie von den Regierungsbeamten an die Meistbietenden verkauft wurden.

Custer gilt als rücksichtslos, selbstherrlich und unberechenbar. Er ist sehr stolz darauf, am 27. November 1868 in einem Dorf von friedfertigen Cheyenne am Washita-Fluss ein Blutbad angerichtet zu haben, bei dem 103 Menschen starben.

George Armstrong Custer

Custer schloss als schlechtester Schüler seines Jahrgangs die Militärakademie ab. Im Bürgerkrieg wurde er dennoch bereits mit 23 Jahren zum Brigadegeneral, zwei Jahre später zum Generalmajor ernannt. In allen Berichten über ihn wird er jedoch als Oberstleutnant bezeichnet. Nach dem Bürgerkrieg machte er sich einen Namen als skrupelloser Indianerkämpfer. 1867 wurde er für ein Jahr vom Dienst freigestellt, weil er die ihm unterstellten Männer unmenschlich behandelt hatte. Es gab zahllose Disziplinarverfahren gegen ihn. Auf den meisten seiner Feldzüge ließ er sich von seiner Frau begleiten.

Keiner soll sagen, dies sei ein Massaker gewesen. Sie kamen, uns zu töten, und wurden selbst getötet.

Sitting Bull, Juli 1876

Es gibt etwa 1000 verherrlichende Bilder von „Custers letztem Gefecht". Bedeutende amerikanische Dichter widmen Custer Gedichte, und später werden in Hollywood Filme gedreht, die ihn als strahlenden Held darstellen.

rige, feige Mörder dargestellt. Ganz Amerika hasst Sitting Bull und Crazy Horse. Custer dagegen, der Mann, der die ihm anvertrauten Soldaten aus purer Geltungssucht in den Tod geführt hat, wird zu einem Helden verklärt.

Die Indianer haben die Schlacht gewonnen. Doch wie schon nach Red Clouds Krieg sollte sich der große Sieg in eine Niederlage umkehren. Soldaten marschieren in den Prärien auf. Sie wollen Rache für den Untergang des 7. Kavallerieregiments üben. Sie jagen die Lakota, zerstören ihre Dörfer. Red Cloud wird mit achttausend Oglala aus dem Reservat am White River verjagt und in das Gebiet westlich des Missouri getrieben, gegen das er sich so entschieden ausgesprochen hat, das Pine-Ridge-Reservat in South Dakota.

Man entwaffnet ihn und seine Männer, nimmt ihnen die Pferde weg und zwingt Red Cloud dazu, den Abtretungsvertrag über die Black Hills zu unterschreiben. Das Druckmittel: Sollte er sich weigern, den Vertrag anzunehmen, werden an sein Volk keine Lebensmittel mehr ausgeteilt. Inzwischen sind die Oglala auf die Lebensmittelrationen angewiesen, sonst müssen sie verhungern. Red Cloud unterschreibt. In dem neuen Reservat fühlen sich die Krieger wie entwurzelte Bäume. Sie wissen dort nichts mit sich anzufangen. Sie sind es gewohnt zu jagen, aber hier gibt es kein Wild. Was sollen sie den ganzen Tag tun? Heimweh, Hoffnungslosigkeit und Hunger bestimmen fortan ihr Leben.

5 c

Der Untergang

▶ ▶ ▶ **Noch viel schlechter** als den Menschen in den Reservaten ergeht es den Kriegern, die „Custers letztes Gefecht" am Little Bighorn gewonnen haben und die nun, aufgeteilt in mehrere Gruppen, auf der Flucht sind. Sie werden von der Armee erbarmungslos verfolgt. Es wird ein bitterkalter Winter, die Krieger um Crazy Horse kämpfen einen aussichtslosen Kampf in den Bighorn-Bergen. Im Mai 1877 geben sie auf. Sie haben keinen einzigen Schuss Munition mehr.

Am 5. September 1877 soll Crazy Horse in ein Gefängnis überstellt werden. Soldaten führen ihn ab. Er zückt sein Messer, versucht sich freizukämpfen. Einer der Soldaten durchbohrt ihn mit einem Bajonett. Sterbend sagt er zu seinem herbeieilenden Vater: „Vater, sag meinen Leuten, dass sie fortan ohne mich auskommen müssen. Begrabt mein Herz an der Biegung des Flusses." An der Biegung des Flusses Wounded Knee. Als wolle er an dem Ort begraben sein, an dem sein Volk 13 Jahre später den Todesstoß erhalten sollte. Crazy Horse wird mehr als jeder andere seines Volkes zum großen Symbol des Widerstandes der Indianer gegen die Unterdrückung durch die Weißen. Die Weißen hatten keine Macht über ihn. Nicht mal seinen „Schatten" ließ er von ihnen einfangen – so nannten die Indianer damals das Fotografieren. Von Crazy Horse existiert kein einziges Foto.

Sitting Bull flüchtet nach der Schlacht am Little Bighorn mit seinen Kriegern über die kanadische

Sam Kills Two malt seine „Winterzählung". Alle wichtigen Ereignisse eines Jahres werden von den Lakota auf eine Bisonhaut gezeichnet und so wie in einem Geschichtsbuch festgehalten.

❓ Crazy Horse

Crazy Horse wird um das Jahr **1838** als Oglala-Lakota geboren. Der genaue Geburtsort ist unbekannt. Sein Lakota-Name ist Tashunka Witko. Er kämpft **1866–1868** als Krieger in Red Clouds Krieg gegen die Weißen. Als weiße Goldsucher in die Black Hills eindringen, führt er als Kriegshäuptling den Kampf an. **1876** gewinnt er mit seinen Kriegern die Schlacht am Rosebud und die Schlacht am Little Bighorn. Nach der Schlacht am Little Bighorn gegen das 7. Kavallerieregiment unter Oberstleutnant Custer flieht er mit seinen Kriegern in die Bighorn-Berge. **1877** kapituliert er mit seinen durch Hunger und Kälte geschwächten Kriegern. Bei seiner Verhaftung am **5. September 1877** wird er tödlich verletzt.

Grenze. In Kanada erhalten sie Asyl. Fünftausend Lakota leben dort jetzt fernab ihrer Heimat. Dort kann ihnen die amerikanische Armee nichts anhaben. Aber der Hunger. Die Weißen haben dafür gesorgt, dass es kaum noch Bisons gibt. Die Lakota finden nichts mehr zu essen. Hungrig starren sie auf die weiten Ebenen. Sie halten Tag für Tag Ausschau. Nichts. Kein Tier. Nicht einmal Spuren der Bisons finden sie. Sitting Bull erfasst das Entsetzen. Sein Herz fühlt sich an wie ein Stein. Es scheint, als seien die Tiere, die einst zu tausenden über die Prärie zogen, gänzlich von der Erde verschwunden. Das Geschenk des Großen Geistes wurde zerstört. Wie konnte es dazu kommen?

Berufsmäßige Schützen wurden beauftragt, die Bisons in Massen abzuschießen, erfährt Sitting Bull. Die Weißen haben darin ein höchst wirksames Mittel erkannt, die Indianer zu schwächen, ohne sich ihnen im Kampf zu stellen, und die hungernden Menschen so in die Reservate zu zwingen.

Wenn es keine Bisons mehr gibt, dann wird es auch bald keine Indianer mehr geben. Das sagen die alten Legenden und Prophezeiungen. Eine dumpfe Angst breitet sich in Sitting Bull aus.

Die Kanadier sehen es nicht als ihre Aufgabe an, die Flüchtlinge mit Lebensmitteln zu versorgen. Um nicht den Hungertod zu sterben, begibt sich Sitting Bull nach vier Jahren Exil in Kanada mit seinen Kriegern 1881 nach Fort Buford im heutigen North Dakota und ergibt sich. Durch seinen fünfjährigen Sohn Crow Foot lässt er sein Winchester-Gewehr an den Kommandanten des Forts übergeben. Der letzte große Krieger hat den Kampf aufgegeben. Das Schicksal der Lakota ist besiegelt. Im Jahr 1881 gibt es keinen freien Indianer mehr.

Tausende Schaulustige pilgern nach Fort Randall, wo die amerikanische Regierung Sitting Bull 20 Monate gefangen hält. Sie bitten ihn um Autogramme, wollen ihn fotografieren, bieten ihm sogar Geld dafür an. Sitting Bull ist für die Weißen der gruseligste Indianer von allen.

Im Mai 1883 wird Sitting Bull in das Reservat nach Standing Rock gebracht, das die Weißen für die Hunkpapa-Lakota ausgewiesen haben. Auf dem Weg dorthin muss er feststellen, dass es die Welt

Der Tod von Crazy Horse am 5. September 1877 in Fort Robinson. Der tapfere Kriegshäuptling wird nur 35 Jahre alt.

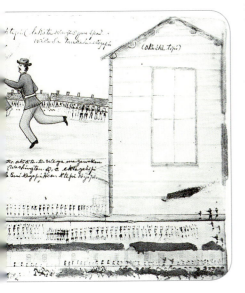

seiner Väter nicht mehr gibt. 120 000 Weiße leben inzwischen auf dem alten Stammesgebiet der Lakota, vor zehn Jahren waren es gerade mal fünftausend. Eisenbahnlinien durchschneiden das Land. In den Black Hills sind Bergwerksstädte entstanden. Statt der Bisons, die frei über die Prärien zogen, gibt es jetzt riesige Rinderherden, die hinter Stacheldraht auf eingezäunten Weiden stehen. Es ist, als hätte es die freie, weite Welt der Indianer nie gegeben.

Bill Cody, ein ehemaliger Bisonjäger, der jetzt unter dem Namen Buffalo Bill Wildwestshows zusammenstellt und eine Stange Geld damit verdient, lädt Sitting Bull zu einer Tournee ein. In der Show treten echte Cowboys und Indianer auf ihren Pferden auf. Sie spielen die Schlacht am Little Bighorn nach und führen vor, wie Indianer eine Postkutsche überfallen. Das Publikum ist begeistert. Auch Red Clouds Sohn Jack tritt in Bill Codys Show auf. Sitting Bull soll nicht wie die anderen tanzen oder schauspielern. Er soll als er selbst durch die Manege reiten. Der Mann, der Custer ins Jenseits schickte. Das reicht völlig aus. Es wird der Höhepunkt des Abends sein. Sitting Bull lässt sich darauf ein. In einem Fransenhemd aus Bisonleder und mit Stachelschweinborsten verzierten Leggings lässt er sich zur Schau stellen. Bereits am ersten Tag, als die Wildwestshow in New York gastiert, kommen sechstausend Menschen, um

Die freie Welt der Indianer und riesige, frei lebende Bisonherden gibt es nur noch im Kino: hier eine Szene aus dem Film *Der mit dem Wolf tanzt*.

Sitting Bull und Buffalo Bill schließen nach Ende der Indianerkriege Freundschaft. Zum Abschied von der gemeinsamen Tournee der Wildwestshow schenkt Buffalo Bill dem Häuptling ein wertvolles Pferd.

Buffalo Bill

Buffalo Bill hieß mit bürgerlichem Namen William Frederick Cody. Seinen Spitznamen erhielt er, als er sich 1867/68 von den Eisenbahngesellschaften als Bisonjäger anstellen ließ, um für die Bauarbeiter Fleisch zu beschaffen. In den Indianerkriegen arbeitete er als äußerst erfolgreicher Kundschafter für die amerikanische Armee. Nach Ende der Feindseligkeiten fing er 1883 an, Wildwestshows zu organisieren.

den Häuptling gegen Geld zu begaffen. Und er gafft zurück. Es zeigt sich, dass Sitting Bull ausgesprochen geschäftstüchtig ist. Er verlangt eine üppige Gage für seine Auftritte. Geld regiert die Welt der Weißen. Sitting Bull benötigt es für sein neues Leben. Er lernt sehr schnell die Spielregeln. Doch sobald wie möglich geht er zurück in die Prärie.

Im Standing-Rock-Reservat drückt man ihm eine Hacke in die Hand. Ab sofort soll er Landwirtschaft betreiben. Er hat erkannt, dass die Zeit der Jagd für die Lakota ein für allemal vorbei ist, und widersetzt sich nicht. Er versucht, Hafer, Kartoffeln, Mais und Bohnen anzubauen. Schlechte Böden, Trockenheit und zu allem Überfluss noch eine Heuschreckenplage – die Neubauern im Reservat können selbst beim besten Willen nicht vom Ertrag ihrer Arbeit leben. Drei Ernten hintereinander fallen miserabel aus. Die Umerziehung ist ein kolossaler Misserfolg.

Sitting Bull sucht nach Wegen, das Leben für sein Volk erträglich zu gestalten. Bildung hält er für die beste Errungenschaft der Weißen. Er kämpft dafür, dass im Reservat eine Tagesschule für die Kinder errichtet wird. Wo er kann, versucht er die Bedingungen zu verbessern. Aber was er auch tut, die Lakota haben ihren Lebensmut verloren. Eine große Hoffnungslosigkeit erfasst alle. Sogar jetzt, wo man ihnen doch eigentlich schon alles genommen hat, verlangen die Weißen noch mehr Land. Ihr Hunger ist unstillbar. Sie erfinden neue Gesetze, um den Indianern selbst das karge Reservatsland streitig zu machen. Das Reservat wird regelrecht von Siedlern überrannt. Als dann noch Krankheiten eingeschleppt werden und hunderte von Lakota-Kindern an Masern, Grippe oder Keuchhusten sterben, da haben die Lakota das Gefühl, dass die Weißen den teuflischen Plan verfolgen, sie systematisch auszurotten.

Ich möchte, dass man sich daran erinnert, dass ich als letzter Mann meines Stammes mein Gewehr abgab.
Sitting Bull im Jahre 1881

6 Wounded Knee

>>> **Doch dann, um das Jahr 1890,** keimt bei den verzweifelten Reservatsbewohnern noch einmal Hoffnung auf. Sie haben von einem Propheten gehört, der weit im Südwesten lebt. Eine Abordnung der Lakota reitet dorthin und trifft auf den heiligen Mann. Er heißt Wovoka, gehört dem Volk der Paiute an und verkündet, dass die Bisons auf die Prärien zurückkehren und die Weißen verschwinden würden, wenn die Indianer bestimmte Lieder sängen und in, wie sie glauben, schusssicheren Geisterhemden bestimmte Tänze tanzten. Wie ein Ertrinkender an einen Strohhalm, so klammern sich die Lakota an diesen neuen Glauben. Sie tanzen den Geistertanz bis zur totalen Erschöpfung. Im Trancezustand begegnen sie ihren verstorbenen Verwandten. Durch den Geistertanz sind endlich wieder alle vereint, die der blutige Krieg der Weißen auseinandergerissen hat: die Lebenden und die Toten.

Der Geistertanz gibt den Lakota Hoffnung. Genau das macht den weißen Siedlern und den Indianeragenten Angst. Der Geister-

Der Geistertanz der Oglala im Pine-Ridge-Reservat 1890. Die Tänzer bewegen sich kreisförmig vorwärts und erhöhen allmählich ihre Geschwindigkeit – bis hin zur vollkommenen Erschöpfung.

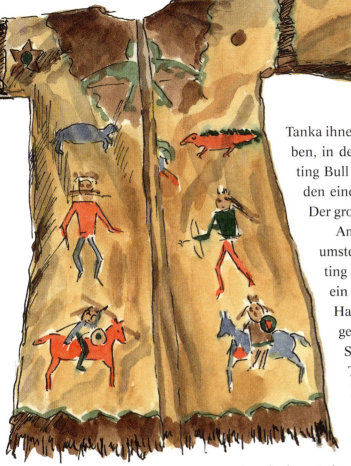

Speziell angefertigte Geistertanzhemden, mit Schutzsymbolen bemalt, sollen ihren Trägern Unverwundbarkeit verleihen.

Alle Indianer müssen tanzen, überall – sie dürfen nicht aufhören zu tanzen. Bald, im nächsten Frühling, kommt der Große Geist. Er bringt alles Wild zurück. Alle toten Indianer kommen zurück und werden wieder lebendig. Es kommt eine große Flut, und alle Weißen ertrinken.

Wovoka, Prophet der Paiute

tanz wird wie zuvor schon die traditionellen Rituale verboten. Aber die Lakota lassen sich die Zeremonie nicht verbieten. Sie tanzen sich in Trance, tanzen, bis sie das Bewusstsein verlieren und Wakan Tanka ihnen schöne Bilder schickt von einem besseren Leben, in dem alles wieder so ist wie früher. Als auch Sitting Bull die Bewegung unterstützt, fürchten die Behörden einen Aufstand. Den gilt es im Keim zu ersticken. Der große Häuptling soll verhaftet werden.

Am 15. Dezember 1890 kurz vor Sonnenaufgang umstellen vierzig Polizisten der Indianerpolizei Sitting Bulls Haus im Standing-Rock-Reservat. Es weht ein eisiger Wind. Keiner fühlt sich wohl in seiner Haut. Die Polizisten sind alle Lakota. Man hat sie gezwungen, gegen die Geistertänzer vorzugehen. Sie haben keine Wahl. Drei Polizisten stoßen die Tür auf und zerren den heiligen Mann aus dem Bett. Er ist inzwischen 59 Jahre alt. Sitting Bull scheint gar nicht überrascht: In einer Vision hat er erfahren, dass er durch die Hand eines Mannes aus seinem eigenen Stamm sterben wird. Durch einen Lakota.

Die Verhaftung spricht sich trotz der frühen Morgenstunde in Windeseile herum. Die halbe Siedlung läuft vor Sitting Bulls Haus zusammen. Alles schreit durcheinander. Hunde bellen, Kinder und Sitting Bulls Frauen weinen, Drohungen werden laut, es kommt zu einem Handgemenge. Der Häuptling bittet darum, sich etwas anziehen zu dürfen. Die Polizisten zerren an ihm herum. Einer von Sitting Bulls Anhängern hält nicht aus, wie sie den großen Mann behandeln. Er schießt in seiner bodenlosen Empörung auf einen der Polizisten. Der an der Hüfte verwundete Polizist eröffnet daraufhin das Feuer auf den Häuptling und trifft ihn in der Brust. Ein anderer Polizist schießt ihm in den Hinterkopf. Sitting Bull ist sofort tot. Und mit ihm sterben in dem darauf folgenden Durcheinander 14 weitere Lakota.

? Sitting Bull

Sitting Bull wird um das Jahr **1831** am Grand River in einer Häuptlingsfamilie der Hunkpapa-Lakota geboren. Seinen Lakota-Namen Tatanka
Yotake erhält er nach seinem ersten Kriegszug. Schon früh zeigt sich,
dass er über seherische Fähigkeiten verfügt. Er genießt in späteren
Jahren als Medizinmann und heiliger Mann hohes Ansehen. In Red
Clouds Krieg von **1865–1868** führt er die Hunkpapa-Krieger an. Nach-
dem die Weißen ab **1874** in die Black Hills vordringen, wird er neben
Crazy Horse der wichtigste Anführer im Freiheitskampf der Indianer.
1876 flieht er nach der Schlacht am Little Bighorn mit etwa fünftau-
send Anhängern nach Kanada. **1881** kapituliert er. Nach zweijähriger
Gefangenschaft auf Fort Randall begibt er sich ins Standing-Rock-
Reservat. Am **15. Dezember 1890** wird er von der Reservatspolizei
erschossen. Auch sein Sohn Crow Foot wird dabei umgebracht.

Von den großen Häuptlingen, die noch das freie Leben in den
Prärien kannten, ist jetzt nur noch Red Cloud übrig. Weiterleben in
Zeiten wie diesen ist eine schwere Bürde.

Die Geistertänze gehen weiter. Verzweifelter, besessener, kraft-
voller denn je. Red Cloud selbst beteiligt sich nicht daran. Er hält
das alles für einen falschen Zauber. Sein Sohn Jack dagegen wird
ein Anführer der neuen Bewegung. Er glaubt an die Weissagungen
von Wovoka. Die Lakota stampfen ihre grenzenlose Trauer um den
großen Häuptling Sitting Bull in die Erde. Selbst als Schnee fällt,
als es bitterkalt wird, als ihnen ein eisiger Wind ins Gesicht bläst,
hören sie nicht auf. Weder gute Worte noch wüste Drohungen der
Regierung können sie dazu bewegen. Schließlich kommt es zur
Katastrophe.

Es ist der 29. Dezember 1890. Eine Gruppe Minneconjou-Lako-
ta wird mit ihrem todkranken Häuptling Big Foot vom Militär nach
Pine Ridge gebracht. Die meisten sind Geistertänzer. Am Woun-
ded-Knee-Creek sollen sie entwaffnet werden, damit die Soldaten
keine Scherereien mit ihnen haben. Selbst Zeltstangen und Tomahawks nimmt man den halb verhungerten Männern ab. Ein junger Krieger, Black Coyote, weigert sich, seine nagelneue Winches-
ter herzugeben. Er hat viel Geld dafür bezahlt. Es kommt zu einem

Die Soldaten der 7. Kaval-
lerie haben die Indianer
entwaffnet und wissen,
dass sie wehrlos sind.
Dennoch eröffnen sie das
Feuer. Später werden sie
für diese feige Tat mit
Tapferkeitsmedaillen aus-
gezeichnet.

Handgemenge. Ein Schuss löst sich, und als hätten die Soldaten auf dieses Zeichen gewartet, eröffnen sie das Feuer auf Männer, Frauen und Kinder. Die Frauen hissen voller Angst eine Friedensfahne. Dennoch schießen die Soldaten weiter. Die Menschen versuchen zu fliehen, aber nur sehr wenige kommen mit dem Leben davon. Insgesamt werden dreihundert Männer, Frauen und Kinder von der US-Armee niedergemetzelt. Als die Armee endlich abmarschiert, zieht ein grimmiger Schneesturm auf. Die Toten, unter ihnen Häuptling Big Foot, erstarren zu Eis. Am Neujahrstag 1891 werden sie in ein Massengrab geworfen.

Das Massaker von Wounded Knee geht in die Geschichte ein als der Moment, an dem die Hoffnung im Indianerland stirbt. Es ist das vorläufige Ende indianischen Widerstandes.

Red Cloud ist inzwischen fast siebzig. Er lebt in einer schlichten Holzhütte. An Tisch und Stuhl und Bett hat er sich mittlerweile gewöhnt. Sein alter Bogen hängt noch an der Wand, und der Beutel für die heilige Pfeife.

Als hätten sie genug Leid und Verzweiflung gesehen, machen Red Clouds Augen nicht mehr mit. Der große Häuptling erblindet. Man sieht ihn jetzt häufig mit seinem vierjährigen Enkelsohn an der Hand. Der kleine Knirps führt den Blinden auf seinen Wegen. Der alte Mann erzählt dem Kind alles, was ein Lakota wissen muss. Er gibt die Legende von der heiligen Büffelkalbfrau an ihn weiter und weiht ihn in die Riten ein. Er erzählt ihm von dem Tag, als er seinen ersten Bison erlegte. Das Kind erfasst, wie wichtig es ist, dass die Bisons zurückkehren. „Eines Tages wirst du an meiner Stelle sein!", schärft der alte Häuptling dem Kleinen ein, „dann musst du all das, was ich dir jetzt sage, an deinen Enkelsohn weitergeben!"

Es gab keine Hoffnung mehr auf Erden, und Gott schien uns vergessen zu haben.
Red Cloud

Bureal of the Dead at the Battlefield of Wounded Knee S.D. Copyrighted Jan 1st 1891 N.Y. Photo Co Chadson Neb.

Die Pine-Ridge-Reservats-schule ist ein Internat, in dem Indianerkinder umerzogen werden. Den meisten sind Häuser völlig fremd.

Doch im Reservat ist es kaum möglich, die alten Traditionen zu bewahren. Die Indianer sollen wie Weiße werden. Sie sollen Englisch sprechen, Landwirtschaft betreiben, Christen werden und die Sitten der Weißen annehmen. Dazu gehört, dass sie deren Kleidung tragen, am Tisch mit Messer und Gabel essen, nur mit einer Frau statt mit mehreren verheiratet sind und ihre religiösen Praktiken aufgeben. Den Medizinmännern und Heilern des Stammes ist es verboten, Kranke zu behandeln. Wer dabei erwischt wird, wird mit bis zu sechs Monaten Gefängnis bestraft.

Die Weißen treiben die „Zivilisierung" der Indianer auf brutale Weise voran. Sie nehmen den Indianern ihre Kinder weg und stecken sie zur Umerziehung ins Internat. Die Kinder sind oft erst vier Jahre alt. Als Erstes werden den kleinen Jungen dort die langen Haare abgeschnitten, und die Amulette, die ihre Mütter ihnen zum Schutz mit auf den Weg gegeben haben, werden ihnen abgenommen. Sie werden in Schuluniformen gezwängt und bekommen amerikanische Namen. Ab sofort müssen sie mit der Prügelstrafe rechnen, sollten sie es wagen, ihre Muttersprache Lakota zu sprechen. Für alles und jedes gibt es Strafen. Ein Junge, der davonläuft, wird gezwungen, Mädchenkleider zu tragen, eine entsetzliche Schmach für einen Lakota. Wer seine indianische Religion ausübt, muss stundenlang auf Zehenspitzen stehen, die Arme über dem Kopf ausgestreckt. Mit allen Mitteln wird den Kindern ihre indianische Identität ausgetrieben.

Die Eltern wollen auf gar keinen Fall, dass ihre Kinder so erzogen werden. Sie wollen ihnen denselben Respekt entgegenbrin-

❓ Indianer und Kinder

Kinder waren für die Lakota heilig. Sie wurden mit viel Liebe und Zuwendung erzogen. Die ersten sieben Monate trug die Mutter ein Neugeborenes in einer gepolsterten Trage auf dem Rücken stets mit sich. Viele Indianerkinder tranken bis zu ihrem vierten Lebensjahr von der Brust. Kinder mussten nur wenige Regeln beachten. Sie wurden selten bestraft und kaum zu etwas gezwungen: Sie sollten durch Vorbild und Erfahrung lernen. Das gilt bis heute, auch wenn es vielen Familien sehr schlecht geht.

gen, den sie durch ihre Eltern erfahren haben, dieselbe Liebe und dieselbe Freiheit. Manche Eltern verstecken ihre Kinder. Aber die Reservatsbehörden haben eine ganz einfache Methode, die Eltern zu zwingen, ihre Kinder herauszugeben: Die Familien erhalten so lange keine Lebensmittel, bis sie die Kinder mitgehen lassen. Einige Kinder sehen ihre Eltern jahrelang nicht wieder. Kehren die Kinder schließlich zu ihren Familien zurück, haben sie ihre Muttersprache vergessen und können sich mit ihren Eltern nur noch auf Englisch unterhalten. Eltern und Kinder sind sich fremd geworden.

Für die Indianer gibt es in den Reservaten nichts zu tun. Es gibt dort keine Arbeit für sie. Sie sind auf die Almosen der Weißen angewiesen, was vor allem die Männer zutiefst demütigt. Viele fangen an, den Whiskey des weißen Mannes zu trinken. Einstmals stolze Krieger werden zu lächerlichen Karikaturen ihrer selbst. Mit Alkohol betäuben sie den Schmerz über ihr auswegloses Leben. Auch Red Cloud kann ihnen keinen guten Grund nennen, mit dem Trinken aufzuhören.

Fast neunzig Jahre ist der alte Häuptling, da spürt er, dass er das Ende seines Lebens erreicht hat.

Red Cloud hat sich sein ganzes Leben für sein Volk eingesetzt. Am Ende muss der Mann, der als einziger Häuptling einen Krieg gegen die Weißen gewinnen konnte, das Gefühl haben, dass er seinen Lebenskampf verloren hat. Die Bisons sind verschwunden, mit ihnen die alten Traditionen, der Glaube, die Hoffnung und die Zukunft. Er hat große Zweifel, ob es richtig war, dass er sich mit den Weißen an den Verhandlungstisch gesetzt hat. „Die Weißen haben uns viel versprochen, mehr als ich aufzählen kann. Aber gehalten haben sie nur ein Versprechen: Sie haben geschworen, unser Land zu nehmen, und sie haben es genommen." Mit dieser bitteren Erkenntnis stirbt Red Cloud am 10. Dezember 1909 im Kreise seiner Familie im Pine-Ridge-Reservat.

Red Cloud und sein Sohn Jack Red Cloud. Während sich der alte Häuptling als Diplomat für sein Volk betätigt, kämpft sein Sohn an der Seite von Crazy Horse und Sitting Bull um die Black Hills.

Mein Herz ist schwer. Ich bin alt. Mehr kann ich nicht tun.
Red Cloud im Jahre 1909

7 Indianer heute

>>> **Die Kultur der Indianer** wurde zwar unterdrückt, aber es gelang nicht, sie gänzlich zu zerstören. Die Lakota setzten sich über die Verbote hinweg und feierten alljährlich das Ritual des Sonnentanzes an geheimen, schwer zugänglichen Orten des Reservats. Auch die Sprache ging trotz der Internatserziehung nicht vollständig verloren. Doch die Lebensbedingungen im Reservat blieben unverändert schwierig. Immer mehr Indianern wurde klar, dass sich an ihrer Situation nie etwas ändern würde, wenn sie nicht anfingen, für ihre Rechte zu kämpfen.

Etwa 50 Jahre nach Red Clouds Tod kommt es in den 1960er- und 70er-Jahren zur sogenannten Red-Power-Bewegung. Vor allem junge Indianer besinnen sich auf die Traditionen ihrer Vorfahren und lassen sich ihre Kultur nicht länger verbieten. Sie tragen wie-

Alcatraz

1969 besetzen Indianer vieler verschiedener Stämme die ehemalige Gefängnisinsel Alcatraz in der Bucht von San Francisco: Sie bieten der Regierung an, die Insel für 47 Cent pro Acre zu kaufen, und halten damit den Weißen den Spiegel vor Augen: 47 Cent pro Acre (etwa 4000 Quadratmeter) war der Preis, den Kalifornien im 19. Jahrhundert den Indianern als Ausgleich für die unrechtmäßige Landnahme bot. Die Indianer berufen sich auf den Vertrag von Laramie aus dem Jahr 1868, der jedem Indianer die Nutzung von ungenutztem Bundesgebiet zusagte. Diese spektakuläre Aktion soll auf das Unrecht aufmerksam machen, das Indianern nach wie vor angetan wird, und markiert den Beginn der Red-Power-Bewegung.

25. November 1969: Eine Gruppe Indianer, Angehörige verschiedener Stämme, besetzt die ehemalige Gefängnisinsel Alcatraz in der San Francisco Bay, Kalifornien. Sie wollen dort ein indianisches Kulturzentrum errichten.

Wir sind Indianer.
Wir sind rot.
Wir wollen frei sein.
Oder tot.

Gedicht eines unbekannten Indianers, der sich das Leben nahm

Der Ritt nach Wounded Knee – der Big Foot Memorial Ride – findet jedes Jahr zu Ehren der Toten des Massakers statt. Die Teilnehmer wollen mit dem 240 Kilometer langen Ritt, der in eisiger Winterkälte stattfindet, an das Massaker erinnern.

der lange Haare und üben ihre Religion offen aus. Indianer vieler verschiedener Stämme tun sich zusammen und gründen die Protestbewegung AIM. Das ist die Abkürzung für „American Indian Movement" – die Bewegung amerikanischer Indianer. Gemeinsam kämpfen sie für ihre Rechte.

Mit zahlreichen, meist friedlichen Protestaktionen und Demonstrationen machen sie auf die Not in den Reservaten aufmerksam. 1973 kommt es zu einer besonders spektakulären Aktion: Etwa dreihundert AIM-Mitglieder besetzen Wounded Knee, um gegen den korrupten Verwaltungschef des Pine-Ridge-Reservats zu demonstrieren. Es ist der Ort, an dem die Geistertänzer um Häuptling Big Foot und mit ihnen fast alle Angehörigen seiner Stammesgruppe erschossen wurden – das letzte große Massaker an den Lakota. Ihre Nachfahren wollen, dass den Indianern endlich Gerechtigkeit widerfährt, und sind bereit, dafür zu sterben: „Wenn wir hier sterben, dann werden wir dahin gehen, wo Sitting Bull und Crazy Horse sind!" Es kommt zu einer Erneuerung der Geistertänze. Wieder tanzen Lakota, wieder marschieren Soldaten auf. Sie rücken mit Tränengas, Granatwerfern und Maschinengewehren an. Straßensperren werden errichtet, Autos brennen, Panzer rollen an. Obwohl es auch zu Schusswechseln zwischen Soldaten und Besetzern kommt, bei denen der Oglala-Lakota Buddy Lamont und der Apache Frank Clearwater sterben, kommt es zum Glück nicht zu einem zweiten Massaker an diesem geschichtsträchtigen Ort. Der Protest wird nach 71 Tagen mit dem Rauchen der heiligen Pfeife friedlich beendet. In der Folge werden viele Mitglieder der Protestbewegung vor Gericht gestellt und zu Gefängnisstrafen verurteilt. Die Zusagen der Regierung, die Vorgänge in der korrupten Reservatsverwaltung zu untersuchen und die Missstände zu beenden, werden nicht eingehalten. Dennoch gibt die Aktion den Lakota große Hoffnung, weil sie ihren Zusammenhalt gestärkt hat.

Die Lakota kämpfen auch vor Gericht für ihre Rechte. Im Jahr 1978 haben sie erreicht, dass sie ihre Religion wieder frei ausüben dürfen. Seit 1979 kämpfen sie um ihr größtes Heiligtum, die Black Hills. Sie haben die US-Regierung zur Rückgabe des Gebietes verklagt, das Red Cloud und seinem Volk 1868 mit dem Vertrag von Laramie zugesprochen wurde. Mit dem Mount Rushmore, dem in Fels gehauenen Monument vier bedeutender US-Präsidenten, sind die Black Hills heute eine der größten Touristenattraktionen der USA. Das Gericht verurteilte die amerikanische Regierung zur Zahlung von mehr als 100 Millionen Dollar, die auch an die Lakota überwiesen wurden. Mit Zinsen sollen es inzwischen bald eine Milliarde Dollar sein, doch die Indianer rühren das Geld nicht an: „The Black Hills are not for sale!" – die heiligen Berge sind unverkäuflich. Dabei würde das Geld das Leben der völlig verarmten Lakota sehr verbessern. Die Protestaktionen der 1970er- und 1980er-Jahre brachten zwar die Nöte der Indianer ins Bewusstsein der Öffentlichkeit, sie verbesserten die Lebensbedingungen in den Reservaten aber nicht.

Wie sieht das Leben im Pine-Ridge-Reservat, in dem Häuptling Red Cloud vor etwa 100 Jahren starb, heute aus? Ein Ur-Ur-Enkel von Red Cloud, Henry Red Cloud, lebt heute mit seiner Familie hier. Sein Familienzweig stammt von Red Clouds einzigem Sohn Jack ab. Für Henry Red Cloud und seine Familie sind die Lebensbedingungen im Reservat ähnlich schwierig wie zu Red Clouds Zeit. Es ist und bleibt ein täglicher Überlebenskampf. Das größte Problem nach wie vor: Es gibt keine Beschäftigung. 86 Prozent der Bevölkerung sind arbeitslos. Die meisten Menschen sind bettelarm. 60 Prozent leben weit unterhalb der Armutsgrenze. Wie viele andere versucht man auch in der Red-Cloud-Familie, Perlenstickereien und anderes traditionelles Kunsthandwerk herzustellen und als Souvenirs an die Touristen zu verkaufen, aber zu einem vernünftigen Einkommen kann man auf diese Weise natürlich nicht kommen.

Genau wie zu Red Clouds Zeiten wird die Lebenskraft der Indianer immer noch durch Alkohol stark geschwächt. Todesursache Nummer 1 sind durch Alkohol verursachte Unfälle, Autounfälle zum Beispiel oder Alkoholvergiftungen. Auch andere Drogen werden genommen, um die traurige Wirklichkeit zu vergessen.

Henry Red Cloud

Henry Red Cloud ist ein Nachfahre von Red Cloud in 5. Generation. Sein Großvater war ein Enkelsohn des Häuptlings. Henrys Lakota-Name ist Wanblee ohitika, was übersetzt „Tapferer Adler" heißt. Henry wird am **2. April 1960** im Pine-Ridge-Reservat in South Dakota als sechstes von insgesamt elf Geschwistern geboren. Nach seinem ersten Geburtstag wächst er bei seinen Großvater Silas Yellow Boy auf. Nach seinem Highschool-Abschluss **1979** arbeitet Henry etwa 13 Jahre auf dem Bau außerhalb des Reservats. **1996** kommt er zurück und heiratet ein Jahr später seine Frau Nadine. **2004** beginnt er mit der Bisonzucht auf der Lone Buffalo Ranch. **2005** gründet er die Firma Lakota Solar Enterprises, die Solarpanele in die Reservatshäuser einbaut. Zudem konstruiert er Windräder aus ausgedienten Bremstrommeln und Wohnhäuser aus Dosen, Erde und alten Autoreifen.

Rechts: Henry sieht in der Rückbesinnung auf die Lebensweise und die Spiritualität der Vorfahren einen Weg, die Probleme im Reservat zu bewältigen. Die überlieferten Traditionen stärken das Selbstbewusstsein und die Identität der Lakota.

Wenn man einem Menschen Tag für Tag sagt, du bist zu nichts nutze, du kannst nichts und du wirst nicht gebraucht, und stellt gleichzeitig ein Bier vor ihn hin, dann wird er früher oder später anfangen zu trinken.

Henry Red Cloud

Im Pine-Ridge-Reservat ist der Verkauf von Alkohol verboten. Unmittelbar außerhalb der Reservatsgrenzen in Whiteclay wird von weißen Kneipenbetreibern jedoch Alkohol an die Indianer verkauft: Vier Millionen verkaufte Bierdosen im Jahr schädigen die Gesundheit der Lakota und machen die Weißen reich.

Als Red Cloud stirbt, leben im Pine-Ridge-Reservat etwa 6700 Lakota. Heute sind es etwa 26 000. Ein drängendes Problem ist daher noch hinzugekommen: die Wohnungssituation. Aufgrund der großen Wohnungsnot hausen manchmal bis zu fünfzehn Menschen auf engstem Raum zusammen. Geheizt wird nur, wenn Geld da ist. Henry Red Cloud hat lange Zeit mit drei seiner Kinder und seiner Frau in einem 15 Meter langen Wohnwagen ohne Bad und ohne fließend Wasser gelebt, manchmal sogar noch zusammen mit wohnungslosen Freunden.

Die meisten Lakota sprechen heute nicht mehr die Sprache ihrer Vorfahren, sondern verständigen sich auf Englisch. Diejenigen, die noch Lakota gelernt haben, engagieren sich dafür, dass die Kinder die Sprache in der Schule lernen. Viele Lakota kennen auch die alten Traditionen und Riten nicht mehr.

Die Weißen haben gedacht, dass man die indianische Kultur einfach durch die amerikanische ersetzen könne. Aber sie haben damit nur erreicht, dass die Menschen ihren Lebensmut verloren haben. Inzwischen bemühen sich viele Hilfsorganisationen, das Leben in den Reservaten zu verbessern. Sie sind immer dann erfolgreich, wenn sie Hilfe zur Selbsthilfe geben. Man braucht Menschen im Reservat, die trotz aller Schwierigkeiten bereit sind, für die Zukunft ihrer Kinder zu kämpfen. Menschen wie Henry Red Cloud.

Die Bisons kehren zurück

>>> Seit zum ersten Mal im Pine-Ridge-Reservat Lebensmittelrationen ausgegeben wurden und die Menschen frierend vor der Ausgabestelle standen, um sich ihr Essen abzuholen, sprachen die Lakota davon, dass alles besser würde, wenn die Bisons wieder zurückkehrten. Durch die heiligen Tiere würden alle Wunden geheilt. Die Lakota würden wieder die alten Riten ausüben, sie hätten genug zu essen, sie würden wieder jagen gehen und sich selbst versorgen können. Es war ein Traum, der von Generation zu Generation weitergegeben wurde.

Henry Red Cloud wächst bei seinen Großeltern auf. Der Großvater hatte sich das so sehr gewünscht, dass er an Henrys erstem Geburtstag dessen Eltern bat, ihm das Kind anzuvertrauen. Henry Red Clouds Großvater wurde 1898 geboren. Als kleiner Junge lernte er alles, was ein Lakotajunge wissen muss. Jetzt will er dieses Wissen an seinen Enkelsohn weitergeben: die Sprache, die Lieder, die Reli-

Unten: Der Bisontanz wurde mit einem Bisonkopf als Kopfbedeckung getanzt. Außerdem trugen die Tänzer ihre besten Waffen. Der zeremonielle Tanz wurde von Trommeln, Rasseln, Liedern und schrillen Schreien begleitet. Er sollte den Jägern eine erfolgreiche Jagd bescheren.

Wir können nichts ändern an dem, was geschah. Wir können nur daraus lernen. Und wir müssen nach vorne schauen und weitergehen. Für unsere Kinder.
Henry Red Cloud

gion der Lakota. Der Großvater ist schon alt, viel Zeit bleibt ihm nicht mehr. Henrys Eltern können ihm die Bitte nicht abschlagen. Von seinem ersten Geburtstag an übernimmt also der Großvater Silas Yellow Boy die Erziehung des Jungen. Er singt mit ihm die Lieder, die die Krieger sangen, wenn sie einen Bison erlegten und Wakan Tanka für die erfolgreiche Jagd dankten. „Die Trommel ist wie der Herzschlag", bringt er Henry bei, und vor jedem Lied schlägt Henry behutsam auf die Trommel, so lange, bis der Schlag im Einklang mit dem Schlag seines Herzens ist. Henry spricht mit seinem Großvater Lakota. Englisch lernt er erst in der Schule.

Die Großeltern bewirtschaften eine kleine Farm, bauen Gemüse an und halten Hühner. „Wir müssen das Gute, was die Weißen in ihrem Leben haben, mit unserem indianischen Leben zusammenbringen und ein großes Ganzes daraus machen", sagt der Großvater zu Henry. Kein Entweder-oder, sondern ein Sowohl-als auch – der alte Mann denkt genau wie Häuptling Red Cloud, den er in dessen letzten Lebensjahren manchmal besuchte, als er selbst noch ein Kind war. Eine andere wichtige Lektion lernt Henry von

 Familiengeschichten

The One Who Runs the Ravine – „Die durch die Schlucht entkam" – diesen Namen bekam Henry Red Clouds Urgroßmutter, als sie wie durch ein Wunder das Massaker von Wounded Knee überlebte. Für Henry ist der Ort des Massakers daher ein trauriger und wunderbarer Ort zugleich. The One Who Runs the Ravine heiratete Kills Enemy, und ihre Tochter Long Haired Woman wurde Henrys Großmutter. Sie tanzte als Vierjährige in Buffalo Bills Wildwestshow mit und nahm auch an der legendären Europatournee teil. Henrys Schwester Dolores Red Cloud war in den 1970er-Jahren Mitglied bei AIM. Sie wurde, wie viele andere Mitglieder der Bewegung auch, von Unbekannten ermordet, die verhindern wollten, dass sie sich weiterhin für die Rechte ihres Volkes einsetzte.

Die Rückkehr der Bisons bedeutet für die Lakota Heilung auf vielfältige Weise: spirituell, körperlich, seelisch, und auch die Umwelt wird wieder gesund.

Henry Red Cloud

seiner Großmutter. „In jedem Bösen steckt etwas Gutes. Manchmal muss man danach suchen, aber es ist da."

Henry hört von diesen beiden außergewöhnlichen Menschen kein Wort der Verbitterung über all das, was den Lakota angetan wurde. Er lernt von ihnen zu beten und die alten Rituale auszuüben. „Alle Lieder, die wir singen, alle Gebete, die wir sprechen, auch die heiligen Rituale, machen wir nur aus einem einzigen Grund", erklärt ihm sein Großvater, „damit wir Dankbarkeit für all die Dinge, die uns Wakan Tanka schenkt, empfinden können: für die Luft, die wir atmen, für das Wasser, das wir trinken, dafür, mit welcher Pracht die Sonne aufgeht." Der Großvater geht mit ihm in die heiligen Berge, die Paha Sapa. Er zeigt ihm die Höhle, durch die die Lakota in dieser Welt ankamen, als sie den Bisons folgten. Ein warmer Wind weht dem Jungen aus dem Dunkel entgegen. Als wäre es der lebendige Atem von Mutter Erde. Henry lernt dort zu meditieren.

Die Bisons scheinen Henry zu mögen. Sobald er aufs Weideland fährt, kommen sie ihm entgegen. Meist hat er etwas zu fressen für sie dabei.

Schenkt man einem anderen ein Kalumet – so wird die Friedenspfeife auch genannt –, ist das eine Friedensgarantie: Mit dem gemeinsamen Rauchen der Pfeife erklärt man sich als verwandt, und gegen Verwandte darf man nicht kämpfen.

Der Großvater nimmt ihn auch mit zum Sonnentanz. Mit 14 – wie Red Cloud etwa 140 Jahre zuvor – begibt sich Henry auf die Suche nach seiner Vision in die heiligen Berge. Am dritten Tag kommt die Vision zu ihm. Seine Aufgabe wird es sein, den Weg für diejenigen zu bereiten, die nach ihm auf der Erde sein werden, erfährt er.

Auch sein Großvater träumt den großen Traum von der Rückkehr der Bisons. In leuchtenden Farben malt er ihn für Henry aus. „Verstehst du", sagt er zu dem Kind, „wo Bisons sind, da stampfen sie große Suhlen in den Boden, um sich bei heißem Wetter zu kühlen. Das Wasser bleibt darin stehen, wie in kleinen Teichen. In der Prärie werden dann wieder die Pflanzen wachsen, die mit den Bisons verschwunden sind. Heilpflanzen. Auch andere Tiere wie Hirsche oder Antilopen werden zu den Wasserlöchern der Bisons zurückkommen. Die Natur wird sich erholen." Und immer wieder ermahnt ihn der alte Mann: „Vergiss niemals diesen Traum!"

Nach dem Tod des Großvaters diskutiert Henry mit seinem Vater Bernard über die Möglichkeiten, eine Bisonzucht aufzuziehen. Die Familie besitzt wie fast alle Lakota im Reservat viel Land, das schon ihren Vorfahren gehörte und das von der Reservatsbehörde für einen Spottpreis an weiße Farmer verpachtet wurde. Das könnte man zurückfordern – aber nur, wenn man es selbst bewirtschaftete. Man müsste lediglich ein paar Behördengänge machen. Der Vater rechnet ihm vor, dass man Tiere kaufen muss. Von welchem Geld will er das bezahlen? Als Nächstes müsste man einen mindestens 30 Meter tiefen Brunnen in den trockenen Boden bohren, damit die Bisons frisches Wasser zum Trinken haben. Umsonst bohrt keiner solch einen Brunnen. Man braucht dafür schweres Gerät. Danach müsste man viele

Quadratkilometer Weideland einzäunen. Allein der Zaun kostet mehr, als die ganze Familie aufbringen kann. Im Winter muss man Heu zufüttern. Henry wird klar, dass sie nicht einmal genug Geld hätten, um das Benzin zu bezahlen, das sie benötigten, um täglich raus aufs eine halbe Stunde entfernte Weideland zu fahren. Es scheint hoffnungslos.

In den nächsten Jahren gründet Henry eine Familie, er muss zusehen, wie er sie versorgen kann. Bei der hohen Arbeitslosigkeit im Reservat hat auch er große Schwierigkeiten, Geld zu verdienen. Oft haben sie nicht genug, um sich das Nötigste zu kaufen. Da bleibt für Träume keine Zeit.

Im Jahr 2000 passiert ein schweres Unglück in der Tioshpaye Red Cloud. Ein Neffe von Henry stirbt bei einem Autounfall. Sein Name: Lone Buffalo, übersetzt heißt das „Einzelner Bison". Er ist viel zu jung gestorben und hinterlässt kleine Kinder. Henry fängt an zu suchen, wo das Gute in diesem Bösen liegt, aber wie er es auch dreht und wendet, er findet es nicht. Da beschließt die Familie, das Gute selbst zu schaffen und zu Ehren von Lone Buffalo allen Schwierigkeiten zum Trotz damit zu beginnen, Bisons zu züchten.

Dass die Zeit dafür reif ist, dass der große Traum endlich Wirklichkeit werden kann, merken sie sehr schnell, denn sie erhalten von allen Seiten Unterstützung. Eine Hilfsorganisation entwickelt mit ihnen eine großartige Idee: Ab sofort kann jeder, der möchte, gegen eine Spende die Patenschaft für einen Bison übernehmen. Die ersten Kälber dieser gespendeten Bisons müssen an andere Indianer weitergegeben werden, damit auch sie mit der Bisonzucht

Oben links: Ein Pow Wow, bei dem – wie bei allen indianischen Festen – getrommelt und gesungen wird. Ein Pow Wow ist eine kulturelle Veranstaltung in der indianischen Tradition. Dazu gehören Lieder, Gebete, Tänze, Geschichten, Trommeln, Spiele, Sport, Rituale, traditionelle Speisen und vieles mehr.

Oben: Ein Traum wird Wirklichkeit: Der erste Bison springt aus dem Trailer auf das Weideland der Familie Red Cloud.

Rechts: Henry mit seiner Frau Nadine und seinen drei Kindern Wanblee (Adlerjunge), Wakinyan (Donnerjunge) und Tecawin (Frau des neuen Jahrtausends)

Bisons heute

Durch die Gründung des Yellowstone-Nationalparks im Jahr 1872, in dem die Bisonjagd verboten war, überlebten etwa 800 Bisons das große Abschlachten durch die Weißen. Heute gibt es in Nordamerika wieder um die 350 000 Bisons. Seit man entdeckt hat, wie gesund Bisonfleisch ist – es ist sehr fettarm und enthält einen hohen Anteil an Eiweiß, Eisen, Zink und Selen –, werden die bis zu 1400 Kilogramm schweren Wildrinder auf vielen Ranchs gezüchtet. Eine Möglichkeit, die Bisons zu schützen, ist, sie zu essen. Denn was die Menschen gerne essen, das stirbt nicht aus.

Mein Vater und mein Großvater haben immer davon gesprochen, die Bisons zurückzubringen. Erst jetzt weiß ich, was für eine große Idee sich dahinter verbarg.

Henry Red Cloud

beginnen können. Und wenn diese Bisons dann Kälber kriegen, müssen auch diese Kälber weitergegeben werden. So wird der Segen immer weitergereicht. Eine Idee, die Henry begeistert. Er stellt das Projekt „Adopt a Buffalo" vielen Menschen in Amerika, aber auch in Deutschland, Österreich, der Schweiz und Frankreich vor. Aufmerksam hören ihm die Leute zu. Henry ist ein ruhiger und zurückhaltender Mann. Ein Mensch, zu dem man gleich Vertrauen hat. Henry selbst scheint sich besonders wohl zu fühlen, wenn Kinder um ihn sind. Wenn er sich ihnen zuwendet, dann spürt man, dass dieser Mann von Liebe und Freundlichkeit erfüllt ist. Er hat dann ein Lächeln, das ganz tief von innen kommt.

Und es geschieht tatsächlich ein kleines Wunder: Im Jahr 2004 hat die Familie durch Patenschaften und Spendengelder so viel Geld gesammelt, dass sie die ersten 15 Bisons kaufen kann. Am 23. Juni 2004 werden sie in einem Viehtransporter auf das viele Quadratkilometer große Weideland der Familie Red Cloud gebracht. 150 Leute haben sich eingefunden. Freunde und die ganze Familie. Es ist wie auf einer Party: Alle freuen sich, sich zu sehen, und unterhalten sich fröhlich. Viele haben ihre traditionelle Kleidung an, manche tragen Federn im Haar. Die Feier ist bald in vollem Gange. Als der Anhänger mit den Bisons kommt, wird es still. So still, dass alle ihre Verbundenheit miteinander spüren. Und die Verbundenheit mit ihren Vätern und Vorvätern.

Die Tür des Viehtransporters wird geöffnet. Es ist vereinbart worden, dass die Tochter von Lone Buffalo die Bisons auf die Weide führen darf. Das Mädchen ist sich der Bedeutung des Moments bewusst. Es hat nach dem Tod seines Vaters den Namen Lone Buffalo Woman angenommen. Zunächst haben die Bisons Angst. Sie trauen sich nicht aus dem Viehtransporter heraus. Es sind Einjährige, mit denen die Familie Red Cloud ihre Zucht beginnen will. Als das Mädchen etwa 300 Meter weit vorausgeschritten ist, kommen sie dann doch heraus. Als sie den Boden unter sich spüren, springen sie umher, als ob sie vor Freude von Sinnen wären. Dann rennen sie in die Richtung, in die ihnen Lone Buffalo Woman vorausgegangen ist. Alle haben Tränen in den Augen. Es ist ein großer Moment der Hoffnung.

Henry Red Cloud weiß, wie verletzlich das neue Leben auf seinem Land ist. Er arbeitet jeden Tag bis zur völligen Erschöpfung, um es zu bewahren. Die Bisonzucht bringt in den ersten Jahren kein Geld, im Gegenteil. Sie verschlingt das wenige Geld, das die Familie durch den Verkauf von Kunsthandwerk, durch harte, schlecht bezahlte Jobs und Spenden einnimmt. Die Zäune müssen repariert werden, im Winter muss Futter gekauft werden, 1000 Kleinigkeiten sind zu bedenken. Einmal bricht die ganze Herde aus. Tagelang fährt Henry mit dem Auto durch das weite Land, um sie zu suchen. Die Suche kostet mehr Benzingeld, als er sich leisten kann. Das Geld wird an anderen Stellen dringend benötigt: Seine drei Kinder brauchen neue Schuhe, das Auto müsste zur Reparatur, er will endlich ein richtiges Haus für seine Familie bauen. Mahnende Stimmen

Henry Red Cloud stellt eine Windturbine auf. Erneuerbare Energien nutzen, das ist traditionell der Weg der Lakota. Henry lebt wie seine Vorfahren: im Einklang mit der Natur.

Sonnenenergie

Nach dem Glauben der Lakota wurde zu Beginn Wi, die Sonne, geschaffen. Dann entstand Skan, die Bewegung, anschließend Maka, Mutter Erde. Die Sonne hat daher eine besondere Stellung im spirituellen Leben. Der Sonnentanz ist das wichtigste Gemeinschaftsritual im Jahresablauf. Heute gewinnt die Sonne für die Lakota eine weitere Bedeutung: Mit Hilfe von Solarkollektoren bringt sie während der Winterzeit Wärme in die schlecht isolierten Trailer und Hütten. 2005 gründete Henry Red Cloud die Firma Lakota Solar Enterprises. Sie baut Sonnenkollektoren zusammen und installiert sie in den Häusern der Reservatsbewohner. Nutzung von Sonnenenergie – das ist für Henry Red Cloud die Rückbesinnung auf die alten Traditionen mit den technischen Mitteln des 21. Jahrhunderts.

Wenn einem Menschen etwas verloren geht, und er geht zurück und sucht danach mit großer Sorgfalt, bis er es gefunden hat, dann kann er seinen Weg fortsetzen.

Sitting Bull

Im Jahre 2006 sind in der Bisonherde der Familie Red Cloud acht Kälber geboren worden. Zwei davon sind auf diesem Foto zu sehen. Im Sommer 2007 erwartet die Familie die Geburt von etwa 17 neuen Kälbern in ihrer Herde.

werden unter den Verwandten laut, die Bisonzucht wieder aufzugeben. Aber Henry weiß, was das heißen würde: Wieder einmal würde die Hoffnung im Reservat sterben. Henry sieht sich als Krieger des 21. Jahrhunderts. Er wird mit all seiner Kraft, mit allen Mitteln dafür kämpfen, dass das „Lone-Buffalo-Projekt" nicht scheitert. Aber die ersten zwei Jahre sind sehr schwierig.

Im Juni 2006, zur Zeit des Sonnentanzes, erwarten sie zum ersten Mal Nachwuchs in der Herde. Henry spürt große Vorfreude. Jeden Tag fährt er raus aufs Weideland und sieht nach den Tieren. Und eines Morgens ist es dann da: das erste Kalb. Es ist zimtfarben und steht noch reichlich wackelig auf seinen Beinen. Henry spürt, wie ihn ein warmes Glücksgefühl durchströmt. Er spricht ein Dankgebet. Seine Kinder und die anderen Kinder des Reservats sollen von der gleichen Hoffnung erfüllt sein wie er selbst, darum bittet er den Großen Geist. Dann raucht er die heilige Pfeife. Er muss daran denken, was er wohl hundert Mal von seinem Großvater gehört hat: „Vergesst niemals eure Träume!" Sein Traum ist Wirklichkeit geworden.

➤ Chronik

98 000–28 000 v.Chr. Die Vorfahren der Indianer gelangen von Sibirien über die Beringstraße nach Amerika.

um 1000 Unter Leif Erikson landen die Wikinger an der Küste Nordamerikas.

1492 Kolumbus „entdeckt" Amerika.

1524 Giovanni da Verrazano bereist die Ostküste Nordamerikas und berichtet über die dort lebenden Indianer.

1534–1542 Jacques Cartier fährt den St.-Lorenz-Strom hinauf. Er treibt Handel mit einigen Stämmen.

1565 Die Spanier beginnen den Südosten der heutigen USA zu kolonisieren. Die weißen Siedler bringen Krankheiten mit, die sich bei den Indianern seuchenartig ausbreiten.

1607 Britische Auswanderer gründen an der Ostküste die erste Siedlung und nennen sie Jamestown.

1620 Die „Pilgerväter" beginnen mit der Kolonisierung Neu-Englands.

1622 Die Powhatan lehnen sich gegen die britischen Ansiedlungen auf.

ab 1630 Viele Stämme beginnen Pferde zu züchten, die sie von den Spaniern bekommen haben. Durch sie wird die Bisonjagd wesentlich einfacher. Etliche Stämme gehen dazu über, ausschließlich von der Bisonjagd zu leben, und dringen in die Plains vor.

1763 England besiegt Frankreich im siebenjährigen Kolonialkrieg.

1783 Ende des siebenjährigen Unabhängigkeitskriegs. Gründung der Vereinigten Staaten von Amerika.

1789–1797 George Washington ist der erste Präsident der USA.

1804 Präsident Thomas Jefferson ordnet die ersten Umsiedlungen der Indianer in Reservate westlich des Mississippi an.

1804–1805 Lewis-and-Clark-Expedition zur Erkundung des amerikanischen Westens.

1824 Das Bureau of Indian Affairs (BIA) wird gegründet, um sich mit „indianischen Angelegenheiten" zu befassen.

1830 Der Indian Removal Act bestimmt die gewaltsame Ansiedlung aller Indianer in Reservate westlich des Mississippi. Bis 1865 werden insgesamt 50 Stämme mit 100 000 Menschen aus ihrem traditionellen Lebensraum ausgewiesen.

1838/39 Während ihrer Umsiedlung sterben etwa 4000 Cherokee. Diese Umsiedlung geht als „Pfad der Tränen" (Trail of Tears) in die Geschichte ein.

1843 Über den Oregon Trail ziehen über tausend Pioniere Richtung Westen. Er führt von Independence in Missouri über die Prärien bis zum Pazifik.

1848–1875 Goldfunde in Kalifornien und im Colorado River locken unzählige Glückssucher in die USA. Hunderttausende durchqueren auf ihrem Weg in den Westen Indianerterritorium.

1862 In den Bergen Montanas wird Gold gefunden. Goldsucher strömen auf dem sogenannten Bozeman Trail durch die Indianergebiete, bauen Forts und Straßen, obwohl die Regierung den Indianern das Land zugesichert hat.

1862 Im Zuge eines Aufstandes der Santee-Dakota in Minnesota werden 38 Indianer gehängt.

1864 Die US-Regierung schenkt den Eisenbahngesellschaften große Anteile des Indianergebiets, das den Stämmen westlich des Mississippi „auf ewige Zeiten" garantiert worden war.

November 1864 Massaker von Sand Creek in Colorado. Über sechshundert Cheyenne werden getötet.

1864 Abgesandte des BIA sollen mit den Lakota einen Vertrag über die ungestörte Nutzung des Bozeman Trails und die Errichtung der Forts aushandeln. Einige Häuptlinge unterzeichnen, Red Cloud und andere Häuptlinge nicht. Red Cloud überzieht mit seinen rund 500 Kriegern den Bozeman Trail mit einem monatelangen Guerillakrieg.

21. Dezember 1866 Beim Fetterman-Massaker werden achtzig Soldaten in einen Hinterhalt gelockt und getötet.

November 1868 Red Cloud unterzeichnet einen Friedensvertrag, der unter anderem besagt, dass sein Stamm in ein Reservat umsiedeln muss.

27. Mai 1870 Red Cloud reist nach Washington, um dafür einzutreten, dass die Lakota ihr Recht bekommen.

1874 Als in den Black Hills Gold gefunden wird, wird der Vertrag von 1868, der den Indianern dieses Gebiet auf ewig zuspricht, gebrochen. Sitting Bull wird zum Kopf des indianischen Widerstandes.

9. Dezember 1875 Alle Indianer müssen sich in Reservate begeben.

Juni 1876 Sitting Bull stellt eine riesige indianische Kriegsmacht auf, die sich aus verschiedenen Stämmen zusammensetzt.

25. Juni 1876 In der Schlacht am Little Bighorn schlagen die Oglala und Cheyenne unter Crazy Horse das 7. Kavallerieregiment unter Oberstleutnant George A. Custer. Als Reaktion darauf werden sie von der Armee verfolgt.

1877 Crazy Horse ergibt sich und wird ermordet. Sitting Bull flieht mit seinen Anhängern nach Kanada ins Exil.

1878 Das BIA stellt eine Indianerpolizei auf. In den Reservaten bewachen nun Indianer andere Indianer.

19. Juli 1881 Sitting Bull ergibt sich und wird in Fort Randall für zwei Jahre inhaftiert. Anschließend lebt er in der Standing-Rock-Reservation.

1884 Den Indianern wird das Ausüben ihrer Religion verboten.

1887 General Allotment Act (Allgemeines Landaufteilungsgesetz): Das Reservatsland wird in Privatbesitz der Stammesmitglieder umgewandelt; „überschüssiges" Land geht in den Besitz von Weißen über. Von 56 Millionen Hektar verlieren die Indianer 42 Millionen – zwei Drittel ihres Landes.

1888 In den Lakota-Reservaten beginnt die „Geistertanzbewegung". Die US-Regierung verbietet die Tänze.

15. Dezember 1890 Sitting Bull wird von Indianerpolizisten erschossen.

29. Dezember 1890 Am Wounded Knee kommt es zu einem Gemetzel, bei dem etwa 300 Menschen sterben – das schlimmste Massaker in der Geschichte des Freiheitskampfes der Indianer.

1917–1918 Im Ersten Weltkrieg kämpfen über 12 000 Indianer in der US-Armee.

1924 Indian Citizenship Act: Die Indianer erhalten das Bürger- und Wahlrecht.

1939–1945 Im Zweiten Weltkrieg nehmen etwa 25 000 Indianer in der US-Armee an den Kämpfen teil.

1944 Gründung des Nationalkongresses Amerikanischer Indianer (NCAI) als stammesübergreifende Bundesorganisation

1968 Die indianische Widerstandsbewegung American Indian Movement (AIM) wird von Indianern aus 20 Reservaten in Minnesota, Wisconsin, North und South Dakota gegründet.

1969–1971 Einige Indianer besetzen die ehemalige Gefängnisinsel Alcatraz.

1972 Mit dem Trail of Broken Treaties („Pfad der gebrochenen Verträge") will AIM an die zahllosen von amerikanischer Seite gebrochenen Vereinbarungen erinnern.

1973 AIM-Mitglieder besetzen für zwei Monate Wounded Knee im Pine-Ridge-Reservat, um gegen die korrupte Stammesregierung unter Vorsitz von Richard Wilson zu demonstrieren. Während der Belagerung durch das FBI und die US-Armee herrschen bürgerkriegsähnliche Zustände. Die Demonstranten können ihre Forderung nach Selbstbestimmung schließlich durchsetzen, doch viele werden inhaftiert, wie AIM-Führer Leonard Peltier, der bis heute für einen unbewiesenen Mord im Gefängnis sitzt.

1975 Im Pine-Ridge-Reservat werden 54 530 Hektar Land für die Suche nach Uran beschlagnahmt.

1978 Sieben Monate marschieren etwa zweihundert Indianer 4828 km von Alcatraz nach Washington vors Weiße Haus. Sie demonstrieren damit gegen die über 380 Vertragsbrüche seitens der US-Regierung und fordern Entschädigung.

1978 Den Indianern wird durch ein Gesetz Religionsfreiheit zugesprochen.

18. Juli 1980 Aus 36 Ländern treffen sich 15 000 Indianer und Weiße, um gegen die Zerstörung der Black Hills durch Energiekonzerne zu protestieren.

1990 Zum 100. Jahrestag des Massakers von Wounded Knee erklärt Gouverneur George Mickelson das Jahr zum „Jahr der Versöhnung" (Year of Reconciliation).

▷ Buchtipps

Sehen – Staunen – Wissen: Der Wilde Westen, Gerstenberg Verlag, Hildesheim 2002

Sehen – Staunen – Wissen: Indianer, Gerstenberg Verlag, Hildesheim 2003

Babendererde, Antje: *Lakota Moon,* Arena Verlag, Würzburg 2007

Babendererde, Antje: *Talitha Running Horse,* Arena Verlag, Würzburg 2005

Brown, Dee/Helmut Degner: *Begrabt mein Herz an der Biegung des Flusses,* Droemer Knaur, München 2005

Crow Dog, Mary/Richard Erdoes: *Lakota Woman. Die Geschichte einer Sioux-Frau,* dtv, München 1998

Engel, Elmar: *Sitting Bull und die Sioux,* Lamuv, Göttingen 2007

Gesellschaft für bedrohte Völker: *Indian country – Indianer Nordamerikas.* Nr. 237, 03/2006

Welskopf-Henrich, Liselotte: *Das Blut des Adlers* (fünf Bände), Mitteldeutscher Verlag, Halle (Saale) 1993–1994

Welskopf-Henrich, Liselotte: *Die Söhne der großen Bärin* (sechs Bände), Altberliner Verlag, Berlin 2004

Wölfel, Ursula: *Fliegender Stern,* Carlsen, Hamburg 2007

▷ Film- und Hörbuchtipps

500 Nations. Die Geschichte der Indianer. DVD 2004. Ab 6 Jahren Dokumentation zur Geschichte der ca. 500 indigenen Völker, die Mittel- und Nordamerika einst bewohnten, und zu ihrem Kampf gegen die Eroberer

Der mit dem Wolf tanzt. DVD 1998. Ab 12 Jahren Dieser Film von und mit Kevin Costner vermittelt einen realistischen Eindruck von Leben und Kultur der Sioux.

Die Indianer Nordamerikas. DVD 2003 Einführender Überblick zu Kultur und Lebensweise

Into the West. DVD 2006. Ab 12 Jahren Der Film erzählt von der Besiedlung des amerikanischen Westens.

Pine Ridge. DVD 2004 Dokumentation über das Leben der Lakota-Indianer auf Pine Ridge und die Projekte von Village Earth

Krauss, Helmut / Wolfgang Rüter: *Der große Geist spricht. Reden berühmter Indianerhäuptlinge.* Audio CD, Patmos, Düsseldorf 2005

▷ Museen

Ethnologisches Museum Berlin
Lansstraße 8
14195 Berlin–Dahlem
Dauerausstellung: „Indianer Nordamerikas. Vom Mythos zur Moderne". Die Situation der Indianer in der amerikanischen Gesellschaft wird umfassend erklärt.

Karl-May-Museum
Karl-May-Straße 5
01445 Radebeul
Etwa 850 Exponate aus dem Lebens- und Kulturkreis der nordamerikanischen Indianer werden in einem Wild-West-Blockhaus ausgestellt.

Linden-Museum Stuttgart
Staatliches Museum für Völkerkunde
Hegelplatz 1
70174 Stuttgart
Eine Dauerausstellung zeigt exemplarisch sechs indigene Völker Nordamerikas.

Überseemuseum Bremen
Bahnhofsplatz 13
28195 Bremen
Exponate und Informationen zu den Indianern der Nordwestküste und den Prärie- und Plainsindianern

▷ Internet-Tipps

http://redcloud.net.tc
Aktuelle Informationen zum Bisonzuchtprojekt und weiteren Projekten der Familie Red Cloud

www.lakota-village.de
Informationen über das Selbsthilfekonzept „Lakota Village Projekt" im Pine-Ridge-Reservat

www.villageearth.org
Village Earth führt mit Bewohnern des Pine-Ridge-Reservats Projekte durch.

www.incomindios.ch
Incomindios setzt sich für die Rechte und Interessen der Indianer Nord-, Mittel- und Südamerikas ein.

www.aktionsgruppe.de
Die Aktionsgruppe Indianer & Menschenrechte e.V. (AGIM) in München unterstützt indianische Völker in Nordamerika.

www.treeswaterpeople.org
Schwerpunkte der Hilfsorganisation Trees, Water & People auf der Pine-Ridge-Reservation und der Rosebud-Reservation sind Solar- und Windenergieprojekte sowie Baumpflanzungen.
Kontaktperson in Deutschland: Conny Bauer, E-Mail: matra47@freenet.de
Wer die Projekte von Trees, Water & People oder das Bisonprojekt von Henry Red Cloud mit Spenden unterstützen oder einen Bison adoptieren möchte, kann sich direkt an Conny Bauer wenden.

Register

Bildnachweis
akg-images Berlin: 8u, 15, 33, 34o; AP Photo: S. 48mr/William Lauer: S. 51ol; Cornelia Bauer: S. 6-7 (Hintergrund), 56ol&or, 59o; Beinecke Rare Book & Manuscript Library, Yale University: Umschlag vorn o, Umschlag hinten m, S. 8mr, 11, 12, 14or, 18ul, 22, 27m, 37, 39ul, 41ol, 45u, 52u; CORBIS/Annie Griffiths Belt: S. 40-41m; Denver Public Library, Western History Collection: Umschlag hinten l, S. 6-7m und 28 (D. F. Barry, Call No. B-115), 16 (Frank A. Rinehart, Call No. X-31522), 20-21m (Solomon Devore Butcher, Call No. X-21805), 21u (Call No. X-31789), 29 (Frank Leslie's Illustrated, Call No. X-33726), 42u (Frederic Remington, Call No. Z-3288), 46or (Call No. X-31657), 47 (Call No. X-31566); Jauch und Scheikowski: S. 40u; Library of Congress, Washington, D.C.: Umschlag vorn m; Nebraska State Historical Society, John Anderson Collection: S. 38ur (RG2969.PH); Henry Red Cloud: Umschlag vorn u, Umschlag hinten r, S. 2, 4-5, 7mu, 18-19, 51or, 52mr, 53or, 54, 57, 58-59u; Dirk Schröder: S. 48u

Leider war es uns nicht in allen Fällen möglich, die Rechteinhaber ausfindig zu machen; alle Ansprüche bleiben gewahrt.